Ⓢ新潮新書

佐藤 優　手嶋龍一
SATO Masaru　TESHIMA Ryuichi

動乱のインテリジェンス

493

新潮社

動乱のインテリジェンス●目次

第1章　日本の周縁で噴出するマグマ

新・海国兵談

手嶋龍一　日本の国境線はいま、縮み始めている――。国力に陰りが生じ、政治指導力が衰弱すれば、周辺諸国はその隙《すき》に乗じて攻勢に転じ、国土は萎《しぼ》んでしまう。そんな冷厳な現実をニッポンも直視すべきです。いまこうしているさなかにも、沖縄県の魚釣島をわが領土だと言わんばかりに、中国政府は海洋監視船を周辺海域に派遣し、多くの中国漁船も見え隠れしています。後世の歴史家は「冷戦終結後の東アジアにとって、尖閣諸島をめぐる攻防が日中関係の転換点になった」と記述することになるかもしれません。

佐藤優　中国中央人民放送（二〇一二年九月十七日）は「中国の漁船一千隻が、尖閣諸

島付近の海域に到着するだろう」と報じました。まあ、白髪三千丈の国ですから、一種の宣伝戦でもあるのですが、日中間ではこうした神経戦は今後も続いていくと覚悟すべきですね。野田内閣が尖閣諸島の三島（魚釣島、南小島、北小島）を地権者から買い取って国有化したことへの明確な対抗策です。

手嶋　野田政権は、東京都の石原慎太郎知事が尖閣諸島を買い取ると名乗りを挙げたことで、追い込まれるように国有化に踏み切っていった。十年ぶりに国家主席が交代する中国の政局を周到に読み解きつつ、総理特使を北京に派遣して国有化の方針を内報するといった策を講ずることもしませんでした。「政府は何をしているんだ」という声に押されて尖閣諸島の国有化に踏み切りました。しかし、これを機に反日デモの嵐が中国全土に吹き荒れようとは、野田政権にとって想定外の事態でした。冷戦終結後の日本の企業は、人件費の安い中国に競うように生産拠点を移し、コスト競争を戦い抜こうとしてきました。ところがいまや、トヨタもパナソニックもユニクロも企業戦略の見直しを迫られています。これまで「地政学的リスク」なるものが安全保障という遠い世界の出来事だと思っていた経営者も多かったのではないでしょうか。

佐藤　世界第三の経済大国たる日本と第二の経済大国たる中国の間には、太くて揺るぎない交渉のパイプが残念ながらないんです。このため、危機を回避する外交の力が働かず、双方のナショナリズム感情を抑えることができずにいる。日中関係はいま、ずるずると坂道を転がるように谷底に向かいつつある。

手嶋　戦後の日本外交というのは、良くも悪しくも、外務官僚、とりわけ、条約交渉を主導する条約官僚に牛耳《ぎゅうじ》られてきた。そうした積年のツケが回ってきています。

佐藤　手嶋さんが言う通りです。戦後の日本は、領土問題という国家の基本に関わる重大な問題を外務官僚に丸投げしてきたんです。順を追って、その動かぬ証拠をあげていきますよ、いいですか。

手嶋　ええ、存分に。いよいよラスプーチン流の口吻《こうふん》になってきましたね（笑）。

佐藤　いま尖閣諸島周辺の領海が侵されようとしていますが、領海と領空では国際法的な地位が全く違うんですよ。外国機が許可なくわが領空を侵犯し、命令に従わなければ、撃墜してもいい。ところが、領海の場合は無害通航権が国際法で認められている。だからといって、中国漁船は日本側の許可なく領海内で操業することはできない。九月十四日、四隻と二隻から成る海洋監視船団が尖閣諸島周辺の日本の領海内に入りました。海洋監視船は中国政府に所属するので公船（政府船舶）になります。公船も無害通航権を持ちます。ただし、中国側は今回、日本の領海内で海上保安庁の巡視船に対して「ここは中国の領海だから出ていけ」とスピーカーで伝えてきた。これは日本の主権に対する明白な侵害で、無害通航ではない。こんなことを許していては、日本が尖閣諸島を平穏に実効支配しているとは言えなくなってしまいますよ。

手嶋　にもかかわらず、条約官僚は条文の解釈権を振りかざし、「日中間にはそもそも尖閣諸島をめぐる領土問題など存在しない」と言い募っています。

佐藤　どうして「尖閣諸島をめぐる領土問題は存在しないので、中国と交渉しない」という言い方をやめて、歴史的、国際法的に日本固有の領土であると中国と交渉してその事実を国際社会にアピールしないのか。その答えはじつに簡単明瞭なんです。外務官僚が中国政府と難しい交渉をやらなきゃならない。中国だって必死に理論武装して挑んできます。外務官僚はそれが面倒なためにサボっていたんですよ。

手嶋　彼らの不作為がいま日本に外交的な危機を招いてしまったのですね。

佐藤　尖閣諸島は日中の係争中の領土なり。中国は国際社会にそう訴える狙いで、今後も海洋調査船や漁業監視船などを日本の領海に侵入させてくると思います。そのなかには、自衛の目的で武装している艦船もあります。海上保安庁の巡視船に対して発砲してくる事態だって想定しておかなきゃならない。こうしたケースでは海上保安庁も自衛の措置に訴えざるをえない。「尖閣沖海戦」の危険性が現実のものになりつつあると心得ておくべきでしょうね。

手嶋　そうした不測の事態を引き起こさないためにも、日本側は中国船を領海に入れない体制を早急に整えるべきです。

佐藤　その通りなんですが、日中間で結ばれた漁業協定（正式名称「漁業に関する日本国と中華人民共和国との間の協定」）、これは二〇〇〇年六月に発効していますが、奇妙なことに尖閣諸島を含む海域には日本の法令が適用されていない。協定本文には、自国の領域なのに尖閣諸島周辺海域での規則が何も定められていないんです。

手嶋　漁業協定が署名された一九九七年十一月十一日に「外相書簡」が中国に出されています。摩訶不思議だなあ。

佐藤　同年同日付の小渕恵三外相の書簡です。このなかで日本政府は、尖閣諸島を含む水域で、中国国民に対して漁業関連の法令を適用しないとわざわざ伝えているんです。尖閣諸島は日本固有の領土であり、現に実効支配しているにもかかわらず、中国に漁業関連法規を適用しないというのは、日本の主権を自発的に放棄しているに等しいですよ。

手嶋　日中間の係争を表面化させない「外交の狡知」だったと当局者は釈明するでしょう。十五年前はそれで済んだのかもしれない。しかし、超大国アメリカがアフガン戦争からイラク戦争で国力を使い果たし、東アジアでの中国の影響力を増大させてしまったいまでは、これが裏目に出始めています。旺盛な経済力を背景に、中国は軍事力を増強して攻勢を強めつつある。条約の文案をあれこれ工夫して、近隣諸国と平穏な関係を築くことに腐心する「文字面の外交」で凌《しの》いでいく時代は過ぎ去りつつあります。

佐藤　中国全土に拡がった反日の動きには、中国の指導部も肝を冷やしているはずです。

手嶋　デモ隊が街角から一たんは姿を消しても、中国社会の深層には強権体制への不満や特権階級が独占する富への怨嗟《えんさ》がとぐろを巻いています。「反日有理、愛国無罪」。日系企業が経営するスーパーに雪崩《なだ》れ込んで略奪をほしいままにしても「反日の隠れ蓑《みの》」さえ纏《まと》っていれば重罪には問われない。体制に不満を募らせる人々には「反日」は安全な切り札です。

佐藤　こうした情勢のもとでは、日本側の道義的な優位性こそが、国際社会に日本の主張の正しさを訴える決め手となるんです。だからこそ、日本国内にある中華学校や中国系企業にいかなる場合も手を挙げてはなりません。しかし同時にそれが日本の弱さの表れだと中国に誤解させてはならない。日本外交を安心して託せる指導者よ、出でよと言いたいですね。

竹島をめぐる「日韓密約」疑惑

手嶋 政治家の評価は棺《かん》を覆って後に定まると言われます。韓国の李明博《イミョンバク》大統領もまた、歴史にその名を刻みたいという思いに駆られて、竹島に上陸したのかもしれません。しかし「ポピュリズムの軍門に下ったリーダー」として、その評価は退陣を待たずに早くも地に墜ちてしまった感があります。大統領は「韓国領」と彫られた岩の前でテレビ・カメラに収まってみせました。二〇一二年八月十日の映像が全てを象徴しているように思います。かつては自由貿易交渉などで、韓国内の反対派を抑えこみ、颯爽とした指導力を印象づけていただけに、その姿はなんとも痛ましい。

佐藤 政権末期に身内から政治スキャンダルが噴き出し、民心が離れて政権運営に苦しんでいましたからね。そうした焦りが李明博大統領を竹島への上陸に駆りたてた。それが直接的な動機でしょう。しかし、今回の上陸の狙いを、単にレームダックに陥った李明博大統領のポピュリズム的な行動だと切り捨ててしまうのはどうでしょうか。彼はなかなか聡明で強い意志をもった指導者ですよ。ポピュリズムに訴えれば人気を取り戻せるなんて考える凡庸な人物じゃない。竹島上陸の裏には明確な国家戦略があるように思えます。隣国、日本は東日本大震災で疲弊しており、国内の政治力も衰弱している。韓国がいまなら一種の帝国主義勢力として生き残るチャンスがあるとみたのでしょう。日本との関係を根本的に変える好機だとね。

手嶋　佐藤さんがいう「帝国主義」とは、十九世紀から二十世紀にかけて欧米列強が植民地の争奪戦を繰り広げ、その果てに国家間の戦争に訴えたものとはかなり性格の異なるものと考えていいのですね。

佐藤　ええ、そうです。本質は同じですが、現象面ではかなり異なるので二十一世紀型の「新・帝国主義」と呼んでもいいと思います。でも、その本質が外部世界からの「収奪」と「搾取」を強めて自国の生き残りを図り、繁栄を築くことにある点は変わりません。ですから、自国の要求を最大限に主張し、それに相手国が怯んで、国際社会も沈黙するようなら、その機に乗じて自国の権益を拡大させていこうとする。もっとも韓国は一国で帝国主義的外交を展開する力はありません。ですから、隣国日本に対しては慰安婦問題という「歴史カード」まで使って国際社会の共感を得て、いわば「プチ帝国主義外交」をしかけようとしているんですよ。だから日本は、「品格のある帝国主義国」として、対話と国際法を武器に竹島問題の平和的な解決を国際社会に訴えていかなければだめなんです。

手嶋　とはいえ、日本と韓国はいまや、世界経済を率いる東アジアの推進エンジンです。そして海洋進出を続ける中国に対抗する一大勢力でもある。そんな日韓両国が、大統領の竹島上陸をきっかけに、外交による解決をあきらめ、互いに非難の応酬を繰り返している現状は危機的です。日本政府は、ＩＣＪ・国際司法裁判所へ提訴する構えですが、韓国政府は提訴に応じないため、審理が開かれる見通しはありません。韓国は「竹島などという島はない」と切り捨て「領土問題などそもそも存在しないんだ」と強硬な姿勢を崩そうとしていません。

佐藤　ならば韓国政府は、拒否の理由を国際社会に説明しなければならない。実は日韓両国は、一九六五年に国交を正常化するにあたって、竹島問題の扱いに困り果て、ひとつの「交換公文」を取り交わしました。日本の椎名悦三郎外相と韓国の李東元《イドンウォン》外相が署名した文書ですが、国交正常化後の日韓関係を象徴する文書なので引用しますよ。「両国政府は、別段の合意がある場合を除くほか、両国間の紛争は、まず、外交上の経路を通じて解決するものとし、これにより解決することができなかつた場合は、両国政府が合意する手続に従い、調停によつて解決を図るものとする」。この硬い文章に仕掛けが施されているんです。

手嶋　政府間で交わされる「交換公文」は、条約や多国間の協定に準じる公式の権威ある国際約束です。確かにいまや「忘れられた約束」ですが、古証文という訳じゃない。

佐藤　古証文ではありません。日本側にとって竹島は譲れない懸案である。それを裏付ける絶好の証拠なのですが、日本の外務省はこの「交換公文」をいまさら持ちだされることに迷惑顔なんですよ。第三者の「調停」に委ねることを嫌がっているわけじゃない。この「交換公文」にはかなりの裏事情があり、事情はずっと込み入っている。だからこれを蒸し返されるのを怖れている。

手嶋　その古傷に塩をすりこんで、嫌がる日本政府の公式見解を引き出したのは、僕の眼の前にいる御仁です（笑）。「佐藤ラスプーチン」が筆をとったと見られる「質問主意書」が政府に突きつけられたのは二〇〇七年三月。今日の事態を見通していたかのようだなあ。このなかで、韓国の総合雑誌「月刊中央」のスクープ記事を引く形で、日韓国交正常化に先立って、日韓で領有権が争われていた竹島（韓国名・独島）については、領有権を主張する互いの主張を認め合い、相手の反論には異議を唱えないという密約があったのではと真偽を質《ただ》しています。さらに問題の「交換公文」は竹島のことですね、と二の矢を放っています。したたかな条約官僚も狼狽したでしょうね。この「質問主意書」は彼らの弱点を衝く「紙つぶて」だった。当時の日韓の交渉関係者が巧みに連携して、歴史の闇に封印したはずの「竹島密約」が浮上し、「交換公文」の仕掛けが抉《えぐ》り出されたのですから。

佐藤　「竹島密約」が存在していたことは韓国側にも大きな衝撃を与えました。日本の交渉当事者の間では密かに語り継がれていましたが、韓国側では日本の領有権の主張を一応了解していた事実など知られていませんでしたから。その上、この密約は、竹島にいる駐屯警備隊を増強せず、新たな施設の増築もしないと約束していた。しかしいまや韓国側がこの証文を反故《ほご》にして顧みていないことは明らかですよ。

手嶋　「質問主意書」によると、国交正常化の五カ月前にあたる一九六五年一月、当時の自民党の宇野宗佑議員（後の外相、総理）が訪韓し、丁一権《チョンイルグォン》首相との間で「竹島密約」が交わされました。少し長くなりますが、その骨子を引用しておきます。（一）双方が竹島を自国の領土と主張したり、これに反論したりすることに異議を唱えない、（二）韓国が占拠している現状は維持するが、警備隊員の増強や新しい施設の増築はしない、（三）両国はこの合意を守ることを日韓双方の首脳に伝えて裁可を得る、というものです。さて「質問主意書」に対して条約官僚が筆を執った政府の答弁は、予想されたことですが、木で鼻をくくったような——。

佐藤　そう、「お尋ねの『合意』が行われたとの事実はない」とね。持って回ったような作文ですが、巧妙な手口が文章化されているので、これも少し長いですが引用しますよ。「我が国は、大韓民国による竹島の不法占拠は、竹島の領有権に関する我が国の立場に照らし受け入れられるものではないとの立場であり、御指摘の『時点』においても同様の立場をとっていたものである。このような経緯等も踏まえ、政府としては、昭和四十年に締結された日本国と大韓民国との間の紛争の解決に関する交換公文（昭和四十年条約第三十号）にいう『両国間の紛争』には、竹島をめぐる問題も含まれているとの認識である」と答えています。

手嶋　うーん、あまりの悪知恵に思わず唸ってしまうなあ。外務省の霞クラブで条約官僚に条文の解釈を教えてもらっている記者などあっさりと手玉に取られてしまうはずです。これを読んで、どこに仕掛けが施されているか、言いあてられる人は「クイズ・グランプリ」に輝くでしょうね。

佐藤　確かに、ふつうに読めば、「交換公文」は日韓で紛争になっている竹島について書かれたものと誰しも思うでしょうね。

手嶋　ところが、驚くべきことに、竹島が含まれると「認識」しているのは日本のほうだけで、韓国側がどう「認識」しているかは与《あずか》り知らないと言っているんです。それがこの答弁書のミソなのです。これを書いた条約官僚は、当時の交渉記録を「極秘のファイル」から取り出して読みこんだのでしょうから、「日本が竹島が含まれると解釈するのは勝手だが、韓国としては含まれないと考えていますよ」と念を押す韓国側の言い分を承知しているんです。

佐藤　手嶋さんの読み解きの通りです。だから「交換公文」には、「両国間の紛争」とだけ記して、竹島とは書き込めなかったんですよ。

手嶋　この種の「交換公文」は、双方の議会で条約の批准を得る拠り所とするために用意するものです。ですから、日本側も与野党が激突する国会審議を乗り切るため、自分たちの「認識」を示す証拠の文書に使ったのです。当然、韓国側は全く異なる自分たちの「認識」を韓国議会で披露していたのです。交渉で相手国の政府と合意し、同時に双方の議会で承認をとりつける、これが外交の苛烈な現実だったのです。「双方の主張が隔たり、暗礁に乗り上げていた日韓交渉を乗り切るための方便だった」とさる条約官僚の重鎮は認めています。

佐藤　現に、韓国の当局者は韓国議会で「独島は含まれず」と明確に答弁していたのです。双方の交渉当事者にとっては当然のことが起きただけですが。

手嶋　永遠に交わらない平行線を交わったとみせる技こそ外交である――その点でいえば、「交換公文」を巧妙な仕掛けに使いながら、アジアの隣国同士が国交を回復し、東アジアの時代を引き寄せていった功績は認めなければ公平さを欠くでしょう。それにしても、条約官僚たちは、こんな技法を簡単に身につけたわけじゃない。日米安保条約の改定の際に、核持ち込みに関する「交換公文」を日米間で取り交わして、こうした外交的詐術《さじゅつ》に磨きをかけていったのです。

佐藤　そう、安保改定の際に交わされた「交換公文」では、米側が核兵器を日本国内に持ちこむ時には「事前協議」を日本政府に申し入れることになっています。米側からはこれまで一度も「事前協議」の提起がないので、核兵器は日本に持ち込まれていない、これが紋切り型の政府答弁です。しかし、この「交換公文」にも、肝心の「核兵器」という言葉は一切登場しない。核持ち込みに関する米側の解釈と明らかなズレがあるためです。「交換公文」は「核兵器」と明記しないことで、日米のズレを巧妙に埋め込んでいるんです。

手嶋　「領土問題では日韓の、核政策では日米の見解が水と油のように隔たり、しかも国内では与野党が鋭く対立していました。国会審議を乗り切るために、交換公文はやむなく絞り出された外交の狡知だったのです」と条約局長経験者は率直に認めています。敗戦国だった日本が、東アジアの隣国と国交を樹立して再出発し、同時に冷戦の時代に西側陣営の一員として留まる。そのため、一種の詐術に手をのばす他に策はなかったのかもしれません。

佐藤　だから外務省の条約当局は、李明博大統領の竹島上陸の際にも、この古証文を持ちだすことにためらいがあったんですよ。でも結局は渋々韓国側に突きつけました。

手嶋　日本側は封印したはずの証文を持ちだし、韓国側は密約ばかりか、証文まで破り捨てようとしています。佐藤さんが指摘するように、アジア半球の勢力地図がいま、塗り替えられようとしていることの表れと受け取るべきでしょう。

偏狭なナショナリズムに立ち向かう勇気

佐藤　政権末期の李明博大統領は、外交を通じた懸案の解決どころか、竹島訪問という強硬策に走ってしまった。李大統領は現実の政治や外交に取り組むことをあきらめ、歴史に名を残すことを考えたという手嶋さんの見立てに賛成します。

手嶋　その思いはともかく、結果としては、晩節を汚すことになってしまったと言わざるをえません。係争の地は指導者の器量を洗いだす——英国の老外交官からこんな言葉を聞いたことがあります。

佐藤　領土をめぐる紛争は、国内のナショナリズムに火を点《つ》けますから、政治家のリーダーシップがまさしく問われるんですよ。

手嶋　そこで思い出すのは、戦後のドイツ・ポーランドの国境を分かつオーデル・ナイセ線に立った宰相ヘルムート・コールの姿です。ベルリンの壁が崩れて、西ドイツは東ドイツを併合したのですが、その時コール首相は、統一ドイツの東側国境をオーデル・ナイセ線から動かそうとしなかった。

佐藤　僕はその決断をモスクワから見ていましたが、まさしく乾坤一擲《けんこんいってき》と呼ぶにふさわしい凄みのあるものでした。

手嶋　ドイツの保守政治家にとって、東部国境をめぐる政治決断は、ひとり地雷原に踏み込んでいくような危うさを秘めていました。第二次大戦の戦後処理によって、ドイツの東側国境は遥か西に移動させられ、ベルリンに程近いオーデル・ナイセ川とされた。その結果、旧ドイツ領に住んでいた数百万ともいわれるドイツ人は故郷を喪《うしな》いました。

佐藤　北方四島に暮らした元島民が父祖の地を逐われたことを思い浮かべれば、ことの重大さがわかるでしょう。

手嶋　彼らの多くは、失われた国土の回復を叫んで、戦後ドイツ政界の地図では、右派、さらには超右派に自分たちを位置付けたのです。

佐藤　ヘルムート・コールが属したキリスト教民主同盟・社会同盟にとって、到底無視できない一大政治勢力でした。

手嶋　彼らの存在は自らの政治生命を危うくしかねない。そのことは、当のコールが誰よりよく承知していました。にもかかわらず、巨漢の宰相は、オーデル・ナイセ川を東側国境として敢然と受け入れ、ナショナリズムの烈風に怯みませんでした。

佐藤　その決断が、ソ連や英国が当初難色を示すなかで、統一ドイツをＮＡＴＯ同盟に留めて、ポスト冷戦の新たな時代を切り拓いていくことに繋がったと言っていい。大事な勝負どころでした。

周辺国の外交攻勢に怯む日本

佐藤　ここでもう一度、竹島問題に話を戻しましょう。日本政府は日韓両国のナショナリズムに火を点けるのではなく、淡々として国際社会の「調停」に委ねて、自らの主張を貫けばいいんです。

手嶋　実態として、日本外交の底力は、言葉と論理を武器にした条約官僚たちが支えてきた側面があります。強大な軍備を持たない戦後日本にとって、国際正義そして国際協調こそ外交の拠り所でした。ところが、一連の外務省改革議論のなかで、従来の条約局は力が強すぎると解体されてしまった。

佐藤　条約局の力が余りに強大で外交の創造性を損なっているというのが建前でした。「条約局に非ずんば人に非ず」という省内の空気がありましたからね。条約局主流派内部の人事抗争の側面も否めない。条約局の文化にさまざまな問題があったのは確かですが、この局を国際法局に改組したとたん、専門家の水準が低くなってしまいました。これが国益に悪影響を与えています。

手嶋　いまやニッポンは、強力な条約局という外交機能を欠き、外交を率いる練達の政治指導者も見当たらない。これでは周辺国の外交攻勢の前に押し込まれてしまう。「領土のダンケルク撤退」が始まっているという声も聞こえてきます。

佐藤　民主党政権の外交担当者のなかには、偏狭なナショナリズムに嫌悪感を示して、民主党の宥和《ゆうわ》的な「友愛外交」を自己弁護する者もいます。

手嶋　愚かな言い訳と言わざるをえません。極端な愛国主義や軍事強硬策の台頭を許してしまうのは、政治指導部が国益を守るために毅然とした外交を推し進めない時なのですから。

佐藤　韓国の大統領は竹島に上陸する。中国は尖閣諸島の領有権を声高に主張し、香港の愛国団体が上陸を強行する。北朝鮮は、ウラン濃縮技術を世界に誇示して、韓国の陸地を四十年ぶりに砲撃してみせる。そして三度目のミサイル発射を強行した。

手嶋　北方の海に眼を移せば、二〇一〇年十一月、ロシアのメドヴェージェフ大統領は、かつてスターリンやブレジネフもなし得なかった北方領土への訪問を強行しました。北方領土はいま、冷戦の終結後、日本からもっとも遠くにあると言わざるをえません。

佐藤　確かにメドヴェージェフ前大統領の時代はそうでした。しかし、今年五月にプーチンが大統領に返り咲いてからは変化が生じています。ロシアは北方領土で日本の主権を脅かすような追加的な行動はとっていない。これはプーチン政権の日本に対する関係改善を呼びかけるシグナルです。

手嶋　しかしながら、民主党政権は、プーチン政権のシグナルを受け止めて、関係改善につなげていく外交をしている節はありません。そもそも、周辺国の外交攻勢が関連なく個別に起きることなどありえません。攻勢に出ている周辺国のリーダーの視点に立って事態を見れば、その本質がよく見えてきます。日本自身は、核兵器や長距離ミサイルといった攻撃的な軍備を持っているわけではないが、軍事超大国であるアメリカと安全保障同盟を結んでいる。だから日本に安易に手を出せば、アメリカの反撃を覚悟せざるを得ないと誰しも考えてきました。ところが、その日米同盟にいま眼に見えない亀裂が入り始めている。基盤が揺らいでいる日米同盟の端っこにちょこんと乗っている日本などさして怖くないと周辺国が受け取り始めています。

辺境のインテリジェンス

佐藤　日本のインテリジェンスにとって最も重要な事項のひとつは、沖縄をいかに確保するかにかかっていると思います。もはや防衛線は普天間基地ではない。南方を維持するのなら嘉手納基地です。キャンプ・シュワブでなくキャンプ・ハンセン。こういう軍事拠点を失わないためにどうすればいいかを考えるのが、政治エリートの仕事です。沖縄側の反発と猜疑《さいぎ》心がこれだけ高まっている状況下で、沖縄の基地問題をどう扱うか。日本の一部の政治家たちが、三・一一東日本大震災の際の「トモダチ作戦」を有難がって、だから普天間基地の移設は県内で呑めと沖縄側に言っている。大新聞も馬鹿みたいにそんなことばかり書いていた。愚かな主張です。逆に「琉球新報」や「沖縄タイムス」は、ふざけるなという社説を立てて、沖縄の世論は保守陣営を含め、「県外」で完全に固まっちゃった。辺野古移設はもとより県内移設は絶対に認めないという方針で固まっている。沖縄の平均的な民意も「琉球新報」、「沖縄タイムス」に表れている通りです。「トモダチ作戦」を普天間問題と絡めたのは、インテリジェンスという視点からみれば、完全な失敗と言っていい。沖縄の状況をさらに厳しく難しいものにしてしまった。

手嶋　日米同盟を今後も維持していくためにどんな施策を打てばいいのか。沖縄を本当の意味で確保しておくためにどんな政策を立てるべきか。これがなかなか見えてこないのが問題なのです。

佐藤　辺境地帯では特別なインテリジェンスをやらなきゃいけない。沖縄が歴史的、地政学的に持っている構造性をしっかり押さえておかなければいけないのです。沖縄は米軍に攻められて民間人に甚大な死者が出た。本土から長い間差別されてきたし、日本軍による虐殺もあった。しかも歴史を辿れば一六〇九年の薩摩による琉球入りがある。最近、沖縄出身の学者では一六〇九年の薩摩の琉球入りを「琉日戦争」と呼ぶ人が増えています。一方、中国は一度も沖縄に侵入してきたことがない。ところで、台湾の国際空港では今でも行き先の案内表示が琉球になっています。中華民国（台湾）はモンゴルと琉球は外国領として未だに認めていませんからね。さて、こうした経緯をもつ沖縄の全体像を踏まえて、辺境のインテリジェンスを駆使せねばなりません。これをきちんと行なう日本の頭脳は外務省のはずです。しかも外務省はそのために沖縄大使を任命し、那覇に出先機関（沖縄事務所）を持ち、モスクワ、ワシントン並みの暗号のかかる通信機能を備えた施設まで持っているのですから。

民族とインテリジェンス

手嶋　辺境の動向を窺うインテリジェンス感覚を研ぎ澄ましていれば、日本の周辺国が、同時多発的に日本の国境線を収縮させる力をかけてきている様が見えてくるはずです。とりわけ、新興の大国、中国がいま、東シナ海を舞台に攻勢をかけてきている。その結果、沖縄と中国の関係がすでに微妙な水域に入りつつある。その点を考察する上で、佐藤さんが二〇一一年七月号の「中央公論」で示した沖縄の亜民族意識についての指摘は大変に重要だと思います。沖縄の基地問題をめぐって、日米同盟にいま見逃せない亀裂が入りつつあり、沖縄の地政学的な地位にも微妙な変化を生じさせているという見立てでした。にもかかわらず、日米の両当局は、普天間基地の移設問題を冷戦期以来の惰性で扱っている。一方で、日本の中国脅威論者は、沖縄に中国の軍事的脅威が及び始めているといったステレオタイプの議論に終始しています。沖縄をめぐる事態の本質はそんなところにはないはずです。

佐藤　そういう人たちの言説は、本人の主観的願望に反して、中国の側に沖縄を追いやっているだけです。

手嶋　日本にまともな論壇があれば、佐藤さんの指摘はもっと反響を呼んでいいはずです。

佐藤　沖縄では、すぐに取り上げられましたけどね。

手嶋　民族問題をインテリジェンスのプリズムで見ていきましょう。

佐藤　まず民族というものに対する学術的な成果というものを踏まえておかなければいけない。民族に関する研究が進んでいる国が、世界で三つあります。イギリスとロシア、そしてアメリカです。アメリカには、コーネル大学の有名なベネディクト・アンダーソンがいますね。こういう人の研究に触れておく必要がある。アカデミズムでこうした民族理論研究が本格的に始まったのは、実は中越戦争以降のことなんです。中越戦争までは、民族というものはいかがわしいものという受け止めが一般的だった。

手嶋　たしかに民族研究といえば、ナチスや戦前の日本の超ナショナリズムを想起させます。ネガティブな現象として研究対象になっても、積極的に民族とは何かを問うこと自体が忌避されてきました。

佐藤　ところが、そこに頭から水をぶっかけるような異変が起きた。中越戦争です。これはいかなる意味でも正規戦であって地域紛争ではない。全面戦争が行なわれている。ということは、マルクス主義の階級闘争よりも強い原理が働いていて、そこで抽出されるのはどう考えても民族しかない。そこのところで、ベネディクト・アンダーソンが考え出したのが「想像の共同体」という概念だった。民族とは想像された政治上の共同体であり、それは主権的なもので、すべての国家内の権力を超越しかつ限定している。世界全体と民族はどうあろうとも一致しない。しかも民族は近代の随伴現象であるから、実は二百数十年の歴史しかない。この点については大多数の民族研究の学者たちの見解が一致しています。最大限に言ってもわずか二百数十年なんですよ。国によってはまだ数十年の伝統しかないところもある。民族というものはうんと過去から存在したように見える。それは民族がないとなると、人間に目鼻がないというふうに見られるからだ――これはアーネスト・ゲルナーという社会人類学者の指摘です。しかし民族というもの自体が近代的な現象であり、言ってみれば近代の宗教なんだと。

手嶋　「近代の宗教」ですか、鋭い見立てですね。そう見ると、中越戦争もこれまでとは異なる貌《かお》でわれわれの前に立ち現われてくる。北京とハノイが正規軍で激突した時、日本の左翼陣営にとってはまさしく「中越情勢は複雑怪奇なり」――。アメリカ帝国主義と共に戦ってきた社会主義の国同士が干戈《かんか》を交えたのですから、彼らと思想・信条を共にしていた左翼陣営の困惑ぶりはかなりのものでした。

佐藤　インテリジェンスの世界は学術の世界と行き来が多い。関係性が一番高いのが、恐らくイスラエルのモサドだと思います。次がロシアのSVR・対外諜報庁とイギリスのSIS・秘密情報部。アメリカとなると少し薄くなる。日本の場合はかつての海軍が近かったですね。

沖縄入りを果たせなかった黄門さま

佐藤　民族というのは共時性と通時性のコミュニケーションの中から生まれてくる。鳩山さんが基地問題で間違えてしまったのは、民族の力です。過去の歴史的出来事に対して余りにも鈍感だったためです。

手嶋　以前、佐藤さんに、鳩山さんが執筆した微分に関する論文を見せてもらったことがあります。彼は微分の専門家ですね。だから意思決定の際、微分の方法論を用いて直近の変化を見ながら決断するという解説でした。

佐藤　鳩山さんは、偏微分を用いたマルコフ連鎖というテーマを扱って、米国スタンフォード大学大学院で博士号まで取っている人です。しかしながら、沖縄を見るときには微分だけで見ると必ず失敗します。積分でも見なければいけない。歴史は積分ですからね。沖縄のような亜民族というのは、歴史のめぐり合わせによっては独立していたかも知れないし、別の大民族に吸収されていたかも知れない。外交面では日本と中国と等距離でしたしね。

手嶋　亜民族と言われる人たちは、多くの場合、辺境地帯にいますね。

佐藤　そうです。ですから、沖縄人（ウチナーンチュ）は日本人に完全には同化しきれないのです。そこで過去の記憶を結び合わせて常に再構成している。食べ物でも独自なものが出て来るし、独自の年中行事もある。例えば二〇一一年一杯で終ったテレビドラマの「水戸黄門」で御老公一行が最後まで行かなかったところ、これが琉球なんです。

手嶋　そう言われれば、琉球を歩く水戸黄門は見たことがありませんね。

佐藤　キー局のＴＢＳは水戸黄門の舞台を沖縄に持って来ようとしたけれど、沖縄のローカル局が受け入れなかったんです。最近『普天間よ』という小説を書いた大城立裕さんが『休息のエネルギー』というエッセイのなかでそう言っています。沖縄初の芥川賞作家である大城さんが指摘するように、黄門さまが最後に三葉葵の印籠を出しても、沖縄ではどうもサマにならない。沖縄方言で「くれーぬーやが」、これって何だってことになる。当時の歴史をどう考証しても、薩摩があることは知っていても、その背後に江戸幕府があることを知っていた沖縄の民衆はいない。それからもう一つ、助さん格さんと町の衆が絡み合いになったときに、沖縄の町衆は琉球空手の達人だから、どう考えても助さん格さんが勝つとは考えられない（笑）。この二点がクリア出来ないから番組が成り立たないというんです。

手嶋 なるほど、水戸黄門の権威も、助さん格さんの武力も通用しないのが琉球というわけですね。

佐藤 ここまでなら笑い話ですんだでしょう。もっと真剣に考えなきゃいけないのは、じゃあ、水戸光圀の権力、三葉葵の源がどこにあるかと問えば、それは江戸にある。そしてそのさらに背後には朝廷があるわけですよ。京都の二条城に勅使の間というのがあります。そこには畳の高低差が設けられている。将軍は下に坐り、勅使は上に坐るんです。ということは、水戸の御老公のあの印籠の力は究極的には朝廷から来ているわけです。ところが沖縄というのは朝廷の権力とは関係がない。すなわち天皇神話に包摂されていない日本なんですよ。だからこそ沖縄は重要なんです。

亜民族のマグマ

佐藤　二十一世紀の世界で国家が生き残るには、帝国じゃないとだめなのです。ヨーロッパは、帝国への道を歩むにあたって、ＥＵ・欧州連合という形を選んだ。ネイション・ステートではもうもたないという意識、というか集合的無意識が、大国の政治エリートの間で広まりつつある。韓国なんかも帝国にはなり得ない、これは外部領域がないからです。小ぢんまりと生き残るのとは別ですよ、要するに日本も帝国でないともたなくなる。

手嶋　戦前に「小日本主義」を唱えて、満州の放棄を主張した石橋湛山が聴いたら驚くような見解ですね。

佐藤　じつは、戦後の日本にも外部領域があるんですよ、これが沖縄です。ここは天皇信仰を持っていない。歴史的な経緯が違う、自己認識が違う。そういうところを包摂できるのが帝国です。

手嶋　なるほど、帝国は必ずしも広大な領土を持つ必要はない。しかし異質なるものを内に包み込む力を持っていなければならない。

佐藤　そう思います。外の力を包摂し、自己に吸収して、初めて生き残ることが出来る。かつてのような植民地を持つ形の帝国主義じゃなくて、品格のある形の帝国主義で自由貿易を基本としながら生き残るしかない。そう考えると、沖縄とうまくやっていくノウハウを身につけないと、日本は大変なことになる。

手嶋　しかし、現状はますます乖離《かいり》を広げています。先日、沖縄で本土復帰四十周年を記念する討論番組があり、沖縄のオピニオンリーダーや地元の方々と語りあいました。ああ、深い溝ができているという感を深くしました。米軍基地の移設問題が暗礁にのりあげているので、ともすると眼前の懸案に眼がいってしまいがちです。しかし、沖縄はもっとスケールの大きなテーマを内包しているはずです。

佐藤　沖縄に対するハンドリングを間違えると分離独立傾向が強まってゆくことは疑い得ないことです。例えば龍谷大学の松島泰勝教授の言説にも明らかですね。松島さんはグアムの代表団に加わって国連に行った。グアムの先住民族と琉球人が、アメリカと日本双方の少数民族であり、かつ彼らの地は植民地であって自らの意思決定が出来ないと国連で訴えた。これは沖縄の新聞で大きく扱われ、朝日新聞でも小さく取り上げられた。松島さんは決して過激な思想の持ち主でも何でもない。アカデミズムに相手にされないような人なら全然問題ないが、石垣島出身で早稲田大学の政経学部を出て外務省の専門調査員をやった経験もある学者です。外務省の専門調査員は思想信条を調べられますから過激な思想の人はもともと入れない。グアムとパラオに勤務していて、それも外務省が延長をお願いした経緯もある優秀な人物です。

手嶋　その松島泰勝教授が、沖縄に内在する分離独立の芽を論じていることに、日本のメディアや論壇はもっと注目していい。

佐藤　そう思います。すでに沖縄では、そうしたマグマが胎動を始めている。こうした血の騒ぎが出ているとき、亜民族意識が民族意識に変わるときというのは、必ず知的エリートが動き出すものなのです。もう絵に描いたようにそのプロセスが始まっている。私はそれに歯止めをかけるべきだと思っています。独立した沖縄が中国という巨大な帝国主義国の影響下に入ることが、沖縄の人々に幸せをもたらさないと考えるからです。そのためには、政府の対沖縄予算で、従来のような飴と鞭の政策と手を切ることです。

沖縄の予算は一括して計上し、沖縄県に全部渡して、あなたたちで使いたいようにやれと。あとは、中国に関する正確な情報を沖縄に提供することです。空母を中国がどういうふうにして持ってきたか。チベット政策はどうなっているか。中国版の新幹線の事故がどうして起きたのか。中国がどういう国で、今どんなプロセスにあるのかという正確な情報を提供することです。そうして、あとは沖縄の人々に考えてもらう。

手嶋　沖縄には科学技術系の大学院大学が創られましたが、社会科学系の研究大学院も併設して、中国をテーマにした中核研究所とすればいい。現代中国に関する情報が沖縄に蓄積されれば、沖縄の人々も日米同盟の重みをこれまでとは違う視点から認識するきっかけになるかもしれません。

佐藤　私は、そういう正確な情報さえあれば、沖縄の政治エリートたちが日米同盟の堅持で動くのは自明のことだと思います。そのためには、沖縄に存分に正確で深い情報を提供して考えてもらうことが大切です。

民族のシンボルをめぐる闘争

手嶋　しかし、現実は逆の方向に動き出しています。アメリカ議会の上下両院、とりわけ上院の軍事委員会の重鎮は、普天間基地を辺野古に移設する案は実現の見込みがないと判断しつつあります。そのため、二〇一二年四月二十七日に発表された「日米の共同文書」でも、上院側の意向を反映させて、普天間基地の辺野古移設を「これまでに特定された唯一の有効な解決策」と表現しています。さっと普通に読み過ごすと何を言っているのか判りませんが、発表前の草稿と較べてみれば、アメリカ側の真意を読みとることができます。

佐藤　当初、草稿には「これまでに特定された」というくだりはなかったのですね。

手嶋　ええ、新たな日米共同文書では、辺野古移転が有効な解決策だが、将来、もっと良い移転先が見つかれば、それも検討するという含みが残されています。上院軍事委員会の有力メンバーは、嘉手納の空軍基地に統合する案を推していますので、絶大な影響力を持つ上院側の顔を立てた形で妥協したのです。地元沖縄での反対がこれほど根強ければ、辺野古への移転はもはや現実的な選択肢とは言えない。そう考える米議会の意向が共同文書にも反映されているのです。国防長官に共同書簡を出して草稿を厳しく批判したのは、レヴィン、マッケイン、ウェッブという超党派の上院の有力軍事委員です。

日本側も彼らのメッセージを軽く見てはいけない。

佐藤　二〇一一年六月にアメリカ上院の長老、ダニエル・イノウエ議員らが沖縄を訪れて、嘉手納基地への統合案を打ち上げた段階で、日本政府は危機感をもっと持つべきでした。

手嶋　当時の枝野官房長官は記者会見で「日本の議会でもそうだが、米議会にも様々な意見がある」とピントはずれな発言をしています。議会の有力議員の発言権は絶大ですから、当然、政府側とも周到なすり合わせのうえで発言している。上院の軍事委員会は、ペンタゴン高官の人事権、軍事予算の承認権、国防関連法案の提出権という大権を握っています。さらに上院全体に広げて言えば条約の承認権も手中にしている。アメリカ政治には「ホワイトハウスと議会の二つの心臓がある」と言われるゆえんです。軍事委員会の有力メンバーが、ペンタゴン側とすり合わせなしに重要発言をするはずがない。軍事委員会とペンタゴンのあうんの連携といっていいでしょう。しかし、日本側はプレスも含めて感度が鈍い。辺野古案を既に現実的ではないと米側が考えているという認識なしに、日米交渉のゲームはできません。本来なら辺野古案は敗戦処理に入る段階です。にもかかわらず、従来の惰性で「日米政府の合意に従って」などと虚しい答弁を繰り返しています。展望がないのに、型通りの答弁さえ書いていれば、官僚の身分は保全される。これでは、国家を破滅に追い込んでしまいます。

佐藤　まさに手嶋さんがおっしゃるように「辺野古案を既に現実的ではないとアメリカ側が見始めている」のです。しかし、沖縄の民意を考えれば、普天間の海兵隊を嘉手納に統合することも非現実的です。普天間の海兵隊基地は沖縄県外に出すしかない。この現実を踏まえ、いまや嘉手納基地こそが日米同盟の最後の橋頭堡《きょうとうほ》と受けとるべきでしょう。大城立裕さんの『普天間よ』を読むとよくわかるんです。鼈甲《べっこう》の櫛《くし》が埋めてある場所が今は普天間基地になっていて入れない。主人公一家のおばあさんが、そこにどうしても入りたい、埋めてある櫛を探したいといったそんな話が出てきます。これはとても象徴的です。要するに沖縄の基地問題は、未来の沖縄民族のシンボルをめぐる闘争になっている。差別のシンボルをめぐる闘争でもあるから、これは妥協が出来ない。逆に安全保障の問題だったら妥協が可能なんですね。そこの掛け違いが起きているわけです。差別のシンボルが問題になっているのだから、これはもう脱構築するしかない。

手嶋　民主党政権は、沖縄振興の予算の一括計上に踏み出しました。そうなると一層分離の傾向が強まりますね。

佐藤　その点については、分離傾向につながるか、それとも「これだけ沖縄に配慮するのだから一緒にいた方がよい」と統合に役立つのか、私自身まだ判断がつきません。いずれにせよ一括計上を認めて仲井眞弘多《ひろかず》知事に預けたわけです、下心はあるんですよとサインを送ってね。あなたも安全保障については十分わかるはずだといいたいのでしょう。同盟の抑止力がいかに重要かは承知しているはずと。だから、知事がちゃんとマネージして、県内で受け入れられる流れを作ってくださいねと。しかしこれはまあ、政権側の希望であって、出来なければその時になって考えるしかない。こういう筋の話ですね。

資源大国としての沖縄

佐藤　舌禍事件で国務省日本部長を解任されたケヴィン・メア氏。沖縄県民の米軍基地への言動をなんども非難してきた人物ということになっている。彼は力で押し切ろうとするアメリカの象徴のように受け取られている。しかしケヴィン・メア氏が自身でそのような考えをもつに至ったというより、ああいうことを吹き込んでいる連中が日本側にいるのでしょう。そうした空気のなかで、彼が抗議の対象となった言動をとったのでしょう。じゃあ本当に力で押し切ろうとした場合、ここで沖縄観が分れるんですね。最終的には沖縄を力で押し切れるんだと考える人たちがいる。カネで横っ面をひっぱたけば最後には言うことを聞くと考える人々です。

手嶋　そんな時代はとっくに過ぎ去ってしまった。にもかかわらず、歴史に対する認識が弱いため、時代が変わったことに気づかないのです。ところが、そうした人々ほど、沖縄返還時の密使、若泉敬さんの無私の行動に共感し、自らの信条の拠り所にしているのです。でも若泉さんというひとは、カネで沖縄の人々を動かす発想を誰よりも嫌っていました。沖縄への真心は、密約の存在を明かした『他策ナカリシヲ信ゼムト欲ス』を沖縄の慰霊碑に捧げて自ら命を断つ覚悟で書いたことにも見てとれます。

佐藤　沖縄は大正初期に県庁が焼き討ちされた数少ない地です。また、返還前の一九七〇年十二月二十日にコザ騒擾《そうじょう》といった事件もありました。こういう近過去の沖縄の歴史を軽視してはいけません。特に亜民族意識が民族意識になっていくプロセスにおいて、すでに普天間がシンボルをめぐる闘争に変容しつつある、その危険さというのが日本側は全然わかっていないわけですよ。

手嶋　沖縄にはいま、新興の大国、中国の引力が強く働いています。中国は海洋への進出を果敢にすすめています。そして空母機動部隊をはじめ海軍力の増強を推し進めつつあります。こうした情勢下で、沖縄は、戦略上の要衝であるだけでなく、海洋資源の宝庫のど真ん中に位置しています。日本は資源小国だと思い込んでいる人がいますが一昔前の話です。海洋の資源を視野に収めれば、探査と掘削技術が進む今日、日本は潜在的には資源大国と言っていいんです。

佐藤　メタン・ハイドレイト等を含めれば、日本の排他的経済水域には厖大な資源が眠っています。

手嶋　沖縄はまさに資源王国の中央に位置しています。かつては、大国の力がぶつかり合う主戦場は大陸でした。十九世紀のグレート・ゲームの舞台は中央アジアでした。ところがいまや、大国間の力の衝突の主戦場は、サイバー・スペースや宇宙空間、そして海底に移りつつあると言っていい。沖縄は計り知れないほど重要な要石《かなめいし》なのです。

佐藤　そのとおりですね。百四十万人の沖縄人が独立性を強め、中国とガス田の共同開発を始めるとか、そういう形になった場合、たとえば契約において折半じゃなくても四分の一を沖縄へ供給すれば、それだけで世界の戦略地図は大きく塗り替わってしまう。

さらに排他的経済水域のところでも、漁業に関して日本漁船から入漁料を取ることになったりすればどうでしょう。流れは全く変わってくるんです。こういうシミュレーションを日本政府はしないんでしょうね。

手嶋　沖縄には随分いい人材が、Ｇ８・主要先進国の大使になり得るレベルの人たちが外務省から沖縄大使として派遣されているんですけどね。

佐藤　その通りです。しかも次席や担当官にはロシア語のキャリア外交官が含まれることが多いのです。彼らはなんだかんだ言っても、インテリジェンスの世界の周辺にいるわけです。アメリカのモントレーやイギリスのベーコンズフィールドの軍学校で勉強した世代ですから、基本的な情報収集の訓練を受けている。そして何より、前に述べたように沖縄にはモスクワ、ロンドン、ソウル、北京と同じ通信施設があるんです。完全な極秘の、ものすごく強度の高い電報をかけることができる。そういう国内施設って他にありますか。

手嶋　日本外交にとって沖縄がどれだけ重要な要衝か、その証左と言っていいですね。

中国を喜ばせた石原構想

手嶋　その沖縄県に所属する尖閣諸島をめぐっては、二〇一二年四月、東京都の石原慎太郎知事が、突然尖閣諸島を買うと言い出し、日中関係がにわかに緊張することになりました。

佐藤　あの石原発言に関しては、二つの問題があると思います。一つは、あれを聞いて、中国は腹の中では大変に喜んだ。ワシントンで言ったということで、なおさら喜んだ。「尖閣諸島に領土問題は存在しない」、これが日本の一貫した立場ですが、中国は「いや存在するんだ」と言っているわけです。中国の当座の目標は、国際社会に「領土問題は存在する」と認識してもらうことなんですよ。領土問題が存在するか否かについては、双方ともに存在しないと言っているときは、領土問題は存在しないんですよ。双方が存在していると言っているときは存在する。ところが一方が存在しないと言うが、一方は存在すると言うときはどうなるのか。ここが、インテリジェンス戦争、外交戦争です。この駆け引きを通じて、国際世論をどっちに引きつけるか。ここに勝負は帰結するのです。尖閣に関しては、これまでは「領土問題は存在しない」という日本の立場が、国際社会で主流だったんです。それに対して中国は、「日本は存在しないと言っているけれども、実は存在するんだ」というキャンペーンを張ってきた。ところが日本はわざわざ「東京都が買う」と言い、その機会を捉えて、中国はステータス・クオ、つまり現状維持を崩そうとしているわけです。中国の対日強硬派にしてみれば「日本がそれぐらいのことをやらなければいけない状況になっている。だから我々はちょっと攻勢に出てみよう」という発想になる。これ、客観的に見て紛争じゃないですか。

手嶋　まさに「領土問題は存在する」と。

佐藤　第三者的に見るとそうなるんですよ。ステータス・クオを崩して戦うなら、周到な戦略が必要なのですが、それが欠けている。そもそも都民は、住民税を尖閣で使ってほしいとは思わない。だから基金に全国から募金を募ることになったのです。要するに、尖閣問題で国民を啓発して、最後は国に購入させる狙いだったのでしょう。そして結局そうなった。その結果、中国はかつてない反発を示し、民衆レベルでも日本企業に対する放火、商店への襲撃や略奪が起き、国際社会において尖閣諸島をめぐる領土問題が存在すると認知されるようになった。中国外交の勝利です。

手嶋　事態は我々がまさしく危惧していた通りに推移していきました。

沖縄の眼に映る尖閣問題

佐藤　その点、仲井眞沖縄県知事の石原発言に対する反応は、極めて冴えていました。「尖閣を都が所有することになっても、国が管理しているという実態は変わらない。尖閣が日本領で、日本が実効支配している現実は変わらないわけですから、何も変化はないと思います」と、こういう言い方をしました。その上で、「先輩の政治家がおっしゃっていることだから、ぜひ話を聞いてみたいと思います」と。

ただ、そこで二点目の話ですけれども、そういう仲井眞知事の発言の背景にも、沖縄のやりきれない思いがあるように感じるのですよ。実はこの問題の構造が、普天間問題と同じということですね。普天間問題がなぜ紛糾しているか。これは反基地闘争でも反米闘争でもないわけですよ。沖縄の死活的な利害にかかわることに関して、アメリカと日本が一方的に決めて、その結果を沖縄に受け入れさせる。これに対する反発なんですね。今回は、そのプレーヤーが東京都と国に変わっただけなんです。沖縄の意思と関係ないところで、沖縄にとって死活的に重要な尖閣のステータス・クオの変化について議論している。これでは普天間と同じことになっちゃうんですよ。

手嶋　本土にいると気づきにくいけれども、沖縄にしてみれば、また頭越しに何を始める気だと。

佐藤　その通りです。尖閣諸島の領土問題に関してあえて言っておけば、日本はそんなに大きなことを言えるんですかという話もあるんですよ。尖閣諸島が日本に併合されたのは一八九五年で、無主の地で先占したという立場です。その後、石垣市に所属しているんですけれども、問題はその前の経緯なんですよね。一八八〇年に分島増約という外交文書が日本のイニシアティブで成立しました。中国と日本の間の国境確定を目指したものです。どういうことかというと、一八七一年の日清修好条規において、日本は最恵国待遇を持ってなかったわけですね。中国での最恵国待遇を確保するかわりに、沖縄本島までは日本、そして宮古島以南を割譲する形で国境を定めようという話なんですよ。両国が仮合意までしているんです。ところが中国は、これは余りにも不利だということで批准せず、結局この条約は発効しなかったのですね。その時点では尖閣は日本領とされていないんですけれども、尖閣の帰属することになっている石垣島は中国にやるという国家意思を、日本政府は一回表明したわけですよ。

手嶋　もし中国が批准していたら、今とはまったく違う状況になっていたかもしれない。

佐藤　そうです。尖閣だけでなく、宮古島も石垣島も与那国島もすべて中国領になっていました。それから、二〇一二年は沖縄復帰四十年の節目の年だということで記念行事をやったりして、復帰のために日本政府は努力したんだということをPRしようとしていますね。でも同時に忘れてならないのは、サンフランシスコ平和条約が一九五一年十一月に結ばれて、それが発効したのが一九五二年の四月二十八日ですよね。これは保守系の人たちは主権回復記念日だという言い方をしているんですが、沖縄の人たちからしたらどうでしょうか。サンフランシスコ平和条約が発効したことによって施政権が日本から切り離されたわけで、アメリカの統治下に入って、裁判権もアメリカが持っている、日本国憲法が適用されない、国旗も存在しない。そういう領域になったんですね。

手嶋　日本の通貨「円」も通用しないし、本土に行く時には一種のパスポートが必要だったんですね。

佐藤　そうです。本土から沖縄に行く時も、外務省発行のパスポート（旅券）ではなく、総理府発行の身分証明書が必要でした。その状態で二十年間も放置された。その間に、さまざまな米兵による犯罪被害などを被った。つまり、そのとき日本は、尖閣も合わせて沖縄を捨てたわけですよね。そうした諸々の歴史を振り返れば、「要するに尖閣なんていうのは、昔から中央の事情によってつり銭みたいにしていつでもやり取りしているじゃないか」ということになる。今度は東京が買うと言い出した。「またか」ということになってくるわけですよ。その辺の沖縄の側の受けとめ方ということに対して、全く感覚が及んでいないですよね。メディアもそうなんです。「琉球新報」、「沖縄タイムス」とそれ以外の日本の新聞とでは、全く情報空間が異なっている。いずれにせよ、東京都の構想によって、亜民族である沖縄人というのが、日本からの独立に向かっていくエネルギーの貯金を、花粉症のアレルギー源のごとくまた積んでしまったのは事実だと思います。私は、民族問題の専門家、沖縄問題の専門家で、各国の民族独立プロセスであるとか民族エスニシティに関する基本的な知的訓練を受けている人間を、きちんと内閣府なりに置いて、学術的な立場からのアドバイスや現地の声を継続的に入手して政策に反映させるといった仕組みをつくらないと、この種の問題が繰り返される感じがします。

しかも米海兵隊普天間飛行場の岩国基地への移転に関して、何ですぐに拒否しちゃったうえに、「大丈夫です、岩国には来ません」などという言い方をするのか。ああいうやり方をする玄葉外相の考えていることがわからない。岩国に関しては丁寧に相談すれば、条件闘争になる可能性はあるわけですよね。

手嶋　玄葉外相は、次世代のリーダーにしては、時代をすくい取る感覚が乏しすぎますね。

佐藤　地元への話し方にしても、「あなたたちは大丈夫ですよ」というのなら、沖縄にしてみれば「何でおれたちは大丈夫じゃないんだ」と、こういう話になるわけです。沖縄が極めて難しい地域で、これは分離独立の可能性さえ潜在的にはらんでいるのだという危機意識、国家統合に対する意識が弱過ぎるんですよね。

手嶋　いまの東アジアの政局で、沖縄に作用している力学を全く理解できていないのでしょうね。

佐藤　付言すれば、今回の尖閣問題に関しては、左派の連中、リベラル派も沖縄の反発を食らっているわけですよ。「尖閣を平和の海として共同利用すればいい」とか、「主権なんていうのはあいまいにすればいいんだ」みたいなことを言う人たちに対しても、「ちょっと待ってくれ。なぜ頭越しにそんなことを言うんだ。だれの土地だと思っているんだ」と。

手嶋　そして地権所有者とされる人が埼玉県にいた。

佐藤　それ自体、沖縄からしたらすごく深刻な問題です。尖閣は誰のものかということになるのですよ。地権者が持っていたら、もうそれは全部地権者のものであって、国家主権というのは及ばないのか。その議論をするならば、日本の土地のどこかを外国人が買っちゃう、あるいは私がどこかの土地を持っていて国籍を変更すると、私の土地だからという形でぎりぎりの局面になった場合に、じゃあ国土というのはどうなるのか。もし地権者が独立宣言したらどうなるのか。尖閣の問題というのは、そういったことを情勢面だけで議論するのではなくて、根本的なところで沖縄はそもそも日本なのかと。土地の所有と国家主権はどうなっているのか。こういうことも深く考えるべき問題なのですよね。

独立琉球国という作業仮説

手嶋　佐藤さんは、沖縄の亜民族意識にいち早く注目し、そこに沖縄の自立の芽が、さらに進んで独立への密やかな衝動が潜んでいると見立てました。こうした沖縄の内なる意識は日米同盟の将来にも、東アジアや環太平洋の近未来にも、少なからぬ影響を及ぼしていくと思います。

佐藤　外交の作業仮説として、日本で一番面倒な可能性について考えてみましょう。例えば尖閣諸島周辺のガス田の開発が本格的に動き出すとします。そのとき、限りなく独立国に近づいている沖縄が、日中共同開発ではなくて、「沖中共同開発」を選択する。沖縄はもう基地経済に依存しなくてもやっていける。だから、嘉手納基地はなくしちゃうか、あるいはハブ空港化しましょう——と。怖いのは、沖縄の「トルクメニスタン化」なんですね。トルクメニスタンは、ソ連が崩壊した後、永世中立国になったのです。永世中立の条件というのは、外国軍隊が駐在していないこと、軍事同盟条約を結ばないこと。それと、隣接国が全部、中立化を承認することなのです。もし沖縄が独立して永世中立国になると言ったら、中国は承認ですよね。フィリピンも、承認になると思います。アメリカが隣接国になるかどうかは、海を隔てて堂々めぐり。これはとりあえずクエスチョン。それに対して、日本は反対ですよね。

手嶋　ここはかなり重要なファクターになりますが、沖縄に文字通り軒を接する台湾も沖縄の中立を支持するのではないでしょうか。

佐藤　そう思います。そして琉球（沖縄）共和国の構想が現実味を帯び、永世中立化案がぶら下がった場合にどうなりますか。例えば沖縄独立党というのが仮にこれから出てきて、そのスローガンというのが、「尖閣諸島の琉中共同開発」。米国の州兵みたいな形で武装はするが、主たる任務は沿岸警備で、日本の自衛隊も米軍も置かせない。完全中立で、沖縄は自分たちの手で守る。独立した新しい琉球国家は、尖閣諸島に関しては共同使用地で、中国と琉球の間での主権は曖昧にして、一八五五年の日露通好条約で規定した樺太（サハリン）のように雑居地、共同利用の地にすると宣言する。我々は尖閣の領有権なんていうものから戦争が起きるのは嫌だ。紛争地になるのだったら、主権の解釈なんて曖昧でいい。沖縄の中立を認める代償として、譲渡してもいい。もともと琉球共和国のものなんだけれども、これは琉球共和国の国益と中国との安定的な発展のために譲渡だと。中国にとっては返還、沖縄からすれば譲渡、その国内的な解釈については、お互いに問わないと。「琉中基本条約」で、中国国家と中国人民の要請と利益に応じ、琉球共和国は中華人民共和国に尖閣諸島を引き渡すなんていう条項が入ったら、どうなるでしょう。

私は冗談をいっているのではありません。尖閣をカードに使った中立・独立構想は、将来的に沖縄にとっては十分な説得力を持ちます。日本の政治エリートは無自覚なうちにそんなところまで沖縄を追い詰めているという認識を持つべきだと、警告したいのです。

手嶋 沖縄で独立運動が盛り上がったら、それと相連動して千島独立運動に火がつくかもしれません。

佐藤 そこまで進むかどうかわかりませんが、これは確実にアイヌの人々の民族意識を刺激しますよ。国家統合を維持するためには、本当に辺境地域に金だけ払っていれば大丈夫というレベルではなくて、安全保障もイデオロギーも全部含めた、総合的なグランド・デザインが必要なんですよ。

手嶋 残念ながら、そうした構想を欠くために、中央の辺境に対する求心力は急速に衰えている。その危機感をいま持たなければ、日本はどんどん縮んでいくことになってしまいます。

北海道独立論

手嶋　先日、北方領土を望む納沙布《のさっぷ》岬まで行ってきました。そこでは不気味な現象が起こっていました。根室の町にいると、地鳴りを思わせるドーンドーンという音が海の方から響いてくる。「この音、何ですか」と土地の人に聞いたら「我々は空震《くうしん》と呼んでいる」と説明してくれました。空が震えるという意味で空震。どうやら、国後島で軍事演習が行なわれているらしい。国後島にある弾薬庫の弾薬が古くなって、それを更新するためにどんどん撃っているという。今までも時々はあったけれど、これほど本格的な演習は初めてだと話していました。何か尋常ならざることが起こっていると根室の人々は不気味がっている。

佐藤　こうした局面で何が現実的に有効かといえば、共同経済活動なんです。二〇一一年二月にラブロフ外相と会談した前原誠司外相（当時）が提案したように、日本の法的な立場を害さない形で共同して北方領土で経済活動を行なう。すると、現地に日本人が行くわけですから、やっていることがよく見えるんです。ところで、インテリジェンスの世界でロシア人に価値判断を離れて、本当のことを教えてくれというのは、リエゾン（連絡係）の仕事なんです。今は日本外務省とＳＶＲ（ロシア対外諜報庁）との間で、そこが切れてしまっているから、こうして空震と呼んでひたすら怪しんでいるしかない。

「あれ、事故ですか、それとも意図的にやってるんですか」とSVRのリエゾンに持ちかける。こういうふうに持ちかければ、教えてくれますよ。少なくとも私たちがリエゾンをしていた時代までは、それくらいのプロフェッショナルな信頼関係がありました。

手嶋　長年、北方領土の返還運動の先頭に立ってきた地元の有力者に訊ねてみたんです。「あなたたちはこうした現実を前に黙っているんですか」と。日本政府に、どうなっているのか説明を求めないのですかと。眼前のロシアと対話もなければ、交渉のルートもない。いまはそれが日ロ関係の現実です。北の実質的な境界線もまた、縮み始めている。

僕は道産子なのでその感じがよくわかるんです。梅棹忠夫はかつて、『日本探検』のなかで「北海道独立論」という論考を著し、北の大地の独立を論じて大きな反響を呼び起こしました。昭和三十年代に発表された論文のなかでは、最も刺激的でアヴァンギャルドなものでした。文化と産業という二つの基軸を設定して、縦軸に中央政府からの自立と従属、横軸に大農法式の酪農と本州のコメ作りを対比させる。政治的には中央政府から独立し、同時に根釧《こんせん》原野のパイロットファームに代表される独自の産業などを持つ北海道。その対極にあるのが、中央政府に従属してその補助金に依存し、本州と同じコメ作りを志向する北海道。若き文化人類学者、梅棹忠夫は、パイロットファームを訪ねて、そこに見果てぬ夢としての「北海道独立」を論じたのでした。榎本武揚の「五稜郭共和国」の系譜を継ぐ、この論考はきわめて示唆に富んでいます。

佐藤　いまの北海道は独立の対極の状態ですね。

手嶋　残念ながら、その通りです。かつての北海道開発庁は中央従属のシンボルでもありました。中央政府の開発予算で北の大地を日本国に繋ぎとめたのです。いまの北海道は、梅棹忠夫が構想した自由で独立の気概が溢れる北の大地からは程遠いと認めざるをえません。

佐藤　しかし中央政府の吸引力は、財政の悪化もあって、明らかに衰えているわけですよ。この果てに見えてくるのは、一種の地域政党、リージョナル・パーティーの出現です。すでにその萌芽は見え始めています。鈴木宗男さんが代表をつとめる新党大地・真民主が地域政党であると自己規定するのもこの流れでしょう。変革のときには必ず歴史の再評価、そして新しい物語づくりが起こります。北海道なら、五稜郭や榎本武揚は将来の独立のシンボルになり得るでしょう。最近、榎本武揚に光が当たってきていますね。根底にはやはり「五稜郭共和国」があるんです。そうした文化を軸に、過去をどう見直すかが問われています。ドイツの社会哲学者であるユルゲン・ハーバーマスが、「未来としての過去」ということを言っている。未来を切り拓くときには、必ず過去の何らかの歴史的表象を取ってきて、そこから物語づくりがはじまっていくと指摘をしています。

手嶋　ハーバーマスの著作は、冷戦の終結に前後して出版され、反響を呼びましたね。

佐藤　東西の壁が崩壊した、その後には理想的な世界が現れるという楽観論に対して、それは違うと指摘しました。なかでもユーゴの中で起きていたのは、旧来型の戦争を引き起こす極めて危険なナショナリズムだった。そこには、共時的な、共産主義みたいな、とりあえずの理想となるようなモデルがない。自由主義や民主主義も理想のモデルにはならない。そうなると、モデルは通時性のなかで過去からやってくる——彼はこういうことを言っているんです。日本列島の南と北の端で起きているそうした現象として、沖縄で言えば、二〇一〇年に大城立裕さんの『琉球処分』が久々に文庫で復刊されて数万部売れたり、榎本武揚と「五稜郭共和国」を扱った、例えば佐々木譲さんの小説がベストセラーの一角を占めたり、榎本の没後百周年記念事業が函館や小樽などで行なわれたり。これは近未来を予見していると言っていいでしょう。

手嶋　九・一一テロ事件の翌二〇〇二年のことです。母校である北海道の高等学校から創立八〇年の記念講演の依頼が舞い込みました。当時、僕はＮＨＫのワシントン支局長でした。アフガン戦争がすでに始まり、イラク戦争もこれからという時期でしたから、ワシントンを留守にするのはちょっと無理な情勢でした。ところが、在校生とのシンポジウムのテーマを聞いて、その誘惑に抗しがたく出かけることにしました。そのテーマというのが「もし私が独立北海道の大統領だったら」——。独立北海道の若き大統領をつとめた四人の生徒はそれぞれに、北海道の独立の可能性を真剣に模索し、現実的なアプローチを試みてくれました。北海道独立の理想を高く掲げながらも、新生国家の財政は日本からの交付金なしでひとり立ちできるのか。新たな財源はどうやって確保するのか。独立北海道は、日米安保条約にとどまるべきか否か。この点は四人の大統領の議論が真っ二つに分かれました。自主武装の行きつく先は、核保有による自立だからです。現状を所与のモノとして前提とせず、北の大地に拡がる新たな可能性を模索してみようという若い世代から多くを学びました。われわれの未来を阻んでいるのは、偏狭な常識だという感をそのとき強くしました。現状維持であきらめている大人にとっては実に新鮮なメッセージでした。

佐藤　前回の総選挙で鈴木宗男さんの新党大地がなぜ北海道で第三位となったのか。民主党、自民党に続く第三党ですよ。公明党より力がある。民主党や自民党の票は新党大地に流れない。にもかかわらず、新党大地は、その力を見せつけて新たなうねりを創りだしていきました。そこに自立への芽生えを見て取ることができる。地域政党を侮ってはなりません。

領土交渉の独創的アプローチ

手嶋　北方領土問題の解決策については、ロシア側も「独創的なアプローチで」と言っているのですから、日本側も真正面からそれを受け止めればいい。こちらも独創的な提案で応えなければいけないと思います。北方四島の主権は日本にあるという原則を堅持しながら、従来の四島なのか、二島なのか、はたまた面積の二分なのかといった交渉ではない、新たなアプローチがあっていい。たとえば、北方の島々には、もともと千島アイヌの人たちが暮らしていたのですから、北方領土の経営を当分の間、千島アイヌの人々に委ねてみることをロシア側に持ちかけてみてはどうでしょうか。

佐藤　賛成です。北方領土の先住民族としてのアイヌ人は非常に重要ですね。ただし北千島アイヌの場合は占守《しゅむしゅ》から色丹に移住させられた方々がすでに相当数亡くなっています。末裔にあたる人々がほとんどいないのが現状です。

手嶋　現実はそうなのですが、「先住民族に委ねる」というのは、シンボリックなオールタナティブになるかも知れません。

佐藤　僕は、妥協する時っていうのは、原則以外のところは全部譲っちゃえばいいと思う。その先例が沖縄にあります。前に述べたように、沖縄がアメリカの施政権下に置かれていたとき、我々が沖縄に渡航する際、総理府発行の身分証明書（パスポート）が必要だった。北方領土へのビザなし交流の場合、A4判の一枚紙ですが、内閣府が発行する身分証明書がパスポートの代わりになっている。さらに挿入紙と呼ばれる別のA4判の書類がビザの代わりにもなる。そこで日本側は国外旅行でないという建前を守っている。これに対して、ロシア側は自国の法令に基づいて出入国手続きを行う。北方領土と北海道本島の中間線を越えていくとロシア国旗が掲げられている。ロシアの税関に提出する書類には、日本語で「携帯品申告書」と書いてある。ロシア語では「税関申告書」と書かれている。これには行き先に関して国名は書かず、国後とか択捉とかと書く。実際に上陸するときには、外務省の係官と秘密の協議をやります。ロシア側が訪問先としてロシア連邦と書かないと入域させないから、日本の係官がロシア語で全部書き入れるんですよ、メディアや同行団員に見せないで。そのとき、ディスクレーマー（免責事項）という、この行為によって日本政府の立場が変更されることはありませんという趣旨の書類を出す。一九九二年からこういうやり方をずっとやっているんです。

手嶋　もうそこまで譲って、実際に動いている現実があるわけですね。

佐藤　ええ、そうです。それによってロシアは、日本側がロシアの手続きに服しているからここはロシア領なんだということを日本政府が認めたという議論を一度もしたことがありません。そこに関しては、ロシア人は約束を守る人たちなんですよ。この信頼関係があるから、ビザなし交流の延長線上に、一般の人も自由に渡航できるビザと内閣府発行のパスポートを作れと僕は言ってきた。北方四島への渡航は内閣府のパスポートで行い、向こうが勝手にハンコを押そうが、それによってお互いの領土交渉に影響はないということにして、残りは全部ロシア側の管轄に従えばいいと思う。だって現に、発電所を作るにしても友好の家や病院を作るにしても、全部向こうの建築基準に則っているのですから。

未解決の領土問題、その密かな戦略

手嶋　北方領土が、冷戦の終結後、日本から最も遠のいてしまった今、その厳しい現実を踏まえて、どんな策を打っていくのか。その一つがやはり、四島が日本の固有の領土だという原則を貫きつつ、日ロが共同で経済開発を手がけていくことでしょう。

佐藤　その前提として申し上げるんですが、返還運動体というものを、一部の活動家の利権から切り離さなければ、北方領土問題は解決できないと思います。私が逮捕されるきっかけになった事件の際に、日ロ共同経済活動などでロシアとの相互理解を深めていこうという計画を潰す中心となったのが、実は一部の返還運動活動家だったんです。事業を進めた場合に、地域の経済にどんな影響があるか。正常な論理展開力があれば元島民の人たちにも分るはずです。その意味で、僕は、二〇〇〇年前後の北方領土返還交渉のダイナミズムを潰した責任を返還運動体の人たちに自覚してもらわなくてはいけないと思うのです。加えて、返還運動体のなかにも似非《えせ》同和みたいな連中が相当数入っているわけですよ。例えば「四島即時返還」と発言して、はい講演料三十万円、といった具合に。あるいは特定の人が国費で何度も渡航していて、これが渡航利権になっている。こうしたものはやはり全部リストラすべきです。北方領土問題が解決されないおかげでお金が入ってくるという構造はなくさなきゃいけない。要するに返還運動をスリム化して、寄生虫を駆除する。その代わり日本人ならば誰でも自由に渡航出来るようにして、元島民に関してはその費用を補助金として出すというような、現実的な方向に転換すべきでしょう。

手嶋　北方領土問題が現状のまま凍りついていて、それをよしとするような構造は断じてあってはなりません。現実に向き合う勇気を持つことが大切です。その点で歴史のリアリズムの面から言えば、独裁者スターリンによって北方領土が不法に略奪されたことも事実なら、冷戦の一方の当事者であるアメリカが、北方領土を未解決のままに残して、東西両陣営の間に楔《くさび》として敢えて打ち込んだのも事実です。サンフランシスコ平和条約の設計者だったジョン・フォスター・ダレスは、日本という要石を西側同盟のなかにがっちりと留めおくため、領土問題で当時の日本がソ連に安易に妥協しないよう、北方領土を未解決のまま留め置いた。そうした事実は客観的な歴史資料で裏付けられています。

佐藤　その客観的な事実を非常によく描いているのが孫崎享《うける》さんの『日本の国境問題』

と、東郷和彦さんと保阪正康さんの共著『日本の領土問題』ですね。日本にとって弱いところがあることをきちんと認めている。歴史的事実を踏まえた上で現実的に考えてゆく。ただ、こちらに弱味があっても、それを言わないっていうのは、インテリジェンスの世界では「あり」なんですよ。ところが、交渉では、弱いところをあげて、以前からこういうふうに言っていたと強弁する——これはインテリジェンスでやってはいけないことなんです。

手嶋　一九五一年のサンフランシスコ平和条約で、吉田茂全権が「国後島、択捉島は日本固有の領土なんだ」と言ったことになっていますね。

佐藤　これは明らかに嘘なんですよ。テキストの読み方を相当捻《ね》じ曲げてしまっている。日本がサンフランシスコ平和条約で南千島（国後島と択捉島）を放棄していることを前提にして、しかしながら歴史的には日本に属していましたという、その後ろの部分だけを切り取って、日本側が主張しているにすぎません。また、日本外務省は国後島、択捉島を含む北方四島が日本領であることについて、主要な連合国は日本の立場を支持していますとも言っている。しかしイギリスは支持していませんからね。そうした事実に口をぬぐって、アメリカの例だけを取り出して、連合国はすべて支持というような嘘をつく。こうしたことはもうやめた方がいい。

手嶋　かつて中ソ関係が一触即発だった時代、中国政府は「北方領土は日本固有の領土だ」と明言していました。いまはもうまったく言わなくなりましたが。周恩来総理の正式な発言として、日中経済協会の岡崎嘉平太さんや宇都宮徳馬衆議院議員にもそう言っていました。当時の中国にとって、北の社会帝国主義ソ連は主要な敵でしたから、彼らが不当に占拠している北方領土という位置付けでした。ところが中国を取り巻く情勢は大きく様変わりしました。中国とロシアは一応安定的関係にあるのですからもう言わなくなった。この周恩来発言を、今の胡錦濤、習近平といった中国の指導部に突きつけて「あなた方が尊敬してやまない周恩来総理が北方領土は日本の領土であると言っているけれど、周恩来発言を否定するのですか」と確かめてみてはどうでしょう。

佐藤　やってみると面白い。ただ、時代状況が変わったからマイナス面もまた大きいでしょうね。

手嶋　つまり藪蛇《やぶへび》というやつですね。周恩来発言を否定して、開き直らせてしまう危険もある。

佐藤　藪から大人しい青大将が出てくるならまだしも、キングコブラだったら困る

（笑）。最近日本は弱くなっていますから。特に現在、尖閣問題がこれだけ緊張しているので、キングコブラが出てくる危険性はかなりあるでしょうね。昔なら「何だこの蛇」とばかりに蹴散らせたかもしれないけど、キングコブラがいま出てきたら、これは逃げざるを得ない。

プーチンのニュー北方領土戦略

手嶋　二〇一二年、クレムリンの主となって帰ってきたウラジーミル・プーチン大統領は、九月にＡＰＥＣ・アジア太平洋経済協力会議の首脳会議をウラジオストクの沖合いに浮かぶルースキー島で開き、議長をつとめました。ロシアの指導者として外交の大権を取り戻したプーチン大統領にとって、久々の晴れ舞台と言っていいでしょう。世界経済の推進力となった「アジア半球」に吹くフォローの風をわがロシアにも存分に取り込もうという意気込みが漲《みなぎ》っています。

佐藤　地政学の視点から眺めれば、「アジア半球」が「ヨーロッパ半球」や「アメリカ半球」を圧倒しつつあります。こうした潮流を後押しするように、地球温暖化の影響で、厚い氷に閉ざされていた北極海に新たな航路が拓かれつつある。いわゆる北西航路と呼ばれる海の道は、一大流通革命を起こそうとしています。欧州の港を出た耐氷タンカーは、北極海を通り抜けて日本海や太平洋に至り、中国の港に続々と姿を見せています。コストは三分の二に削減され、時間は何と半分になります。

手嶋 北極海には海底ガスや希少金属などが眠っていますが、航路が拓かれれば、開発が一段と進むことになるでしょう。

佐藤 冷戦期、中ソの動向は、冷たい戦争のゆくえを左右する重要なファクターでした。ポスト冷戦の時代にあっても、黒竜江・アムール河の流れを挟む中ロ両大国の動向は、近未来を読み解く上で見逃せないファクターです。中国の東北三省は実に一億人の人口を抱えています。これに対して、ロシアのバイカル湖以東の東シベリア、極東には合計六百四十万人しかいない。この圧倒的な非対称は、ロシア極東部に一種の戦略的な空白を生んでいるとプーチン政権側は受け止めています。

手嶋 いかなる形であれ、自らの陣営に戦略上の真空地帯を生じさせてはならない——ロンドンの外交専門家の言葉です。周辺から乱気流が流れ込んで天下大乱のもとになるからです。このため、ロシア側は、沿海地方の農業法人の農地を、韓国、中国、北朝鮮、日本などに次々に貸与して、大豆などを栽培させていますね。そうした形で空白を埋めようとしているのでしょう。土地は一千ヘクタールの単位でどんどん貸し出されています。北海道銀行が中心になって融資して北海道の農業者が借りあげようとしています。北海道の農業は寒冷地作物の栽培に高い技術を持っていますから、進出すればかなり成果をあげるはずです。

佐藤　ウラジオストク港の南にトロイツァ港（旧ザルビノ港、トロイツァは三位一体の意味）があり、ここに中国は熱いまなざしを注いでいます。中国の琿春《こんしゅん》にもほど近い港湾です。地図を見れば一目瞭然ですが、ロシア領と北朝鮮領がこのあたりで相まみえています。中国はわずか一五キロまで海に迫っているのですが、日本海への出口はありません。

手嶋　中国はロシアのトロイツァ港まで陸地を掘削して、日本海にどうしても出たい。そのためならいかなる代償もいとわない。そう渇望していると思います。中国が海洋への進出を急ピッチで進めているなか、プーチン大統領のロシアにとって、経済大国日本の戦略的な価値は高いと思います。日ロ間にはいま、北方領土問題を除けば、大きな戦略的な摩擦はないのですから。

佐藤　そうですね。北方領土問題に関して私が注目するのは、二〇一二年三月一日の、朝日新聞主筆の若宮啓文《よしふみ》さんと、大統領選を間際に控えていたプーチンのやり取り。これには正確な分析が必要だと思います。プーチンは、「日本との領土問題を最終的に決着させることが強く望まれる」としたうえで、「引き分けを」と「提案」しました。明らかに〝ツー・プラス・アルファ〟（歯舞群島、色丹島の二島引き渡しプラス・アルファ）の方向性を打ち出してきているということなのですよ。

手嶋　そういうことになりますね。しかし、このプーチン発言に対して、「ロシアのペースに乗せられるな」といった批判が、例のごとく繰り返されました。

佐藤　私は、そういう単純な受け止め方をすべきではないと思うのです。彼が大統領に返り咲き、あらためて交渉スタートなのです。交渉の最初の段階で、最終的な到達点を口にすることは、普通ない。「引き分け」、すなわち「二島引き渡し」から交渉を始めようといっているのであって、その後は〝プラス・アルファ〟。結論については何も見えてないわけですよ。

手嶋　なるほど、そうした機微を理解して交渉に臨まなければいけませんね。

佐藤　そもそもいま、ロシアでプーチン以外の人間がこんなことを言ったとしたら、袋だたきに遭うんです。ところがプーチンの発言については、賛成できないんだけれどもみんな黙っている。どうしてかというと、怖いから。これは日本にとっては、非常にいい兆候だと思うんですね。プーチンが決めれば、物事は解決する。つまり、ターゲットはプーチンひとりだということです。

ちなみに、私のところへ入ってきている情報によれば、ロシア外務省は、〝ツー・プラス・アルファ〟はもとより、二島返還に関しても非常に消極的です。というのは、二〇〇一年、森喜朗（当時首相）さん、鈴木宗男さんラインの時に、イルクーツクで今回のような〝ツー・プラス・アルファ〟の方向性をプーチン大統領も検討したのだけれども、それを日本側が断ってきた。「耳をそろえて四島を返せ」と。「一回断られたことをまた出して展望があるのか」「また同じことになるんじゃないか」と、こういう批判ですよね。これはプロフェッショナルな外交官としてはよくわかる話です。

そうすると、これから重要になるのは、プーチンからどうやって下へ落としていかせるかですよ。そうすると、幾つかハードルがあるんですね。一つ間違えたらアウトなんですよ。残念ながら、北方領土問題に関しては日本側から仕掛けないと変わりません。ロシアは現状で満足しています。そうすると、本来は、鳩山由紀夫さんと森喜朗さんが一緒に訪問するというのが、実は一番よかったんです。与党の民主党の外交最高顧問の鳩山由紀夫さん、そしてプーチンと個人的な関係があって、イルクーツク声明に署名した森喜朗さん。しかも超党派の日ロ友好議員連盟の会長ですね。この二人が一緒に訪問するならば、民主党、自民党にかかわりなしに、日本の国家意思として対ロ関係の改善、北方領土問題の解決を望んでいるというメッセージになるのです。ところが鳩山さんのイラン訪問騒動の後、それができますか。もはや鳩山さんは、残念なことですが、日本外交のプレーヤーとしての資格を完全に失ってしまいました。

手嶋　鳩山さんのイラン訪問については、このあとじっくり話すことにして、北方領土交渉を含め、北東アジアは特に二〇一二年の後半が大きな変化の局面を迎えそうですね。

佐藤　そういう戦略を描き切れる人がどれぐらい今いるかということですよね。

第2章　中国、そのモラルなきインテリジェンス

英国〝ビジネスマン〟の怪死

手嶋　中国という国家の奥深くで繰り広げられている権力闘争は、外部の世界からは容易に窺い知れない――。中国共産党の支配体制を揺るがしている重慶事件を見ていると、そのことを改めて思い知らされます。「二十一世紀の三国志」とでも呼ぶしかない壮絶な人間ドラマです。佐藤さんはソ連共産党政治局内の暗闘を目《ま》の当たりにしてきたクレムリン・オブザーバーですから、探究心をひりひりと刺激されるのではありませんか。

佐藤　西側諸国にも当然政争はあるのですが、指導部は最後には選挙で選ばれますから、民意に左右されない共産党の政治局内部の争いとは自ずと違いますね。

手嶋　天安門事件以来と言われる、中国共産党内の権力闘争を色濃く映しているこの事件の概要をひとまず見てみましょう。登場人物は全員敬称を省きます。薄熙来《はくきらい》が共産党の書記として君臨していた重慶市。その市中のホテルで英国人の男性ビジネスマン、ニール・ヘイウッドが死体となって発見されました。二〇一一年十一月十五日のことです。当初、重慶市の捜査当局は、アルコールの過剰摂取として、検死解剖もせずに火葬に付しました。このホテルは英語名では「Lucky Holiday」なのですが、ヘイウッドにとってはなんとも皮肉なネーミングでした。薄熙来の腹心で重慶市副市長兼公安局長だった王立軍は「毒殺ではないか」と疑いを持ち、親分の薄熙来に「毒殺された疑いがあるので捜査している」と報告したところ、公安局長のポストを突如解任されてしまった。どうやら薄熙来は妻の谷開来《こくかいらい》が関わった節がある殺人事件を隠蔽しようとして、捜査に政治的圧力をかけたと見られています。

佐藤　ここで解任された王立軍が、アメリカ総領事館に駆け込んだことで、事件はにわかにアメリカやイギリスの情報当局を巻き込んで重大な様相を帯びてくる。王立軍は「ヘイウッド氏の死には疑惑がある」と垂れ込んだんでしょう。

手嶋　そして薄熙来の妻で弁護士の谷開来が英国人を殺した容疑で逮捕されます。薄熙来も重慶市党委員会書記を解任され、さらに政治局員、中央委員という党中央の職務を停止されて、政局絡みの事件に発展していきます。捜査が進むうちに薄夫妻には日本円にして五千億円にものぼる巨額の不正蓄財があり、ヘイウッドの助けを借りてそれらの資金を海外の銀行に不正に送金していた疑惑も浮上してきました。

佐藤　もっとも、こうした不正蓄財は、党の幹部なら多少とも手を染めているでしょうから、ここにも中南海の権力闘争の匂いがします。薄熙来夫妻が追及されている容疑を共産党の幹部に適用したら、ほとんどの幹部が捕まってしまいますよ。

手嶋　妻の谷開来に対する裁判は二〇一二年八月、安徽《あんき》省合肥《がっぴ》市の中級人民法院で開かれました。中国では政治家に関連する裁判は、政治家の影響を受けるため地元では行われない。安徽省は胡錦濤主席が安徽閥の出であり、改革派の牙城《がじょう》であることから、現政権の意向を受けて裁きの場所に選ばれたと言われています。ここで谷開来被告には執行猶予二年付きの死刑判決が言い渡されました。二年間の収監中に問題を起こさなければ無期懲役に減刑されます。初公判からなんと十一日のスピード判決でした。二〇一二年の秋には、中国共産党の次の体制を決める重要会議が控えているので、胡錦濤後継の足場を固めている習近平一派の意向も微妙に働いて、カネもうけが絡むトラブルとして早々に事件の幕を引こうとしたのでしょう。

佐藤　重慶市の共産党書記だった薄熙来は、中国共産党の有力幹部を親族に持つ子弟たちからなる「太子党」の系譜に属しています。薄熙来の父親の薄一波《いっぱ》は、共産党の八元老のひとりでした。文化大革命で父親が失脚し、薄熙来も一時は下放しましたが、やがて北京大学に学び、中国社会科学院で修士号を得ています。若くして遼寧省の大連市長をつとめて頭角を現し、中央では商務相をつとめた後、重慶に党書記として乗り込みました。そして打黒つまり汚職追放に辣腕《らつわん》を揮って、次期政権で枢要な地位に就く寸前まで権力の階段を昇りつめていました。これに対して胡錦濤国家主席は共産党の青年組織「共青団」を基盤として党内に重きをなした派閥に属しています。この胡錦濤主席が主導して党の規律部門を動かし、薄一家の蓄財の実態を詳しく調べているらしい――そうした情報を摑んだ薄熙来が、妻の谷開来と謀って、資金の海外送金を請け負っていたヘイウッドの口を封じるために殺害したのが事件の真相とされています。

手嶋　薄熙来の失脚後、共青団系の胡錦濤派は、薄一族の不正蓄財疑惑を徹底して追及する姿勢を見せたのに対して、薄熙来と同じ太子党出身の習近平国家副主席らは「穏便な処理を」と主張して対立したと見られます。

佐藤　いずれにせよ、現政権を掌握する胡錦濤派と、江沢民前主席の支持を得て次期政権を狙う習近平派の対立という側面は否定できないですね。

手嶋　殺された英国人ビジネスマン、一応こう言っておきましょう、そのヘイウッドは、この凄まじいばかりの権力闘争の渦中に巻き込まれて命を落とすことになった。

佐藤　いま手嶋さんは「一応ビジネスマン」と言いましたが、単なるビジネスマンとは到底思えないなあ。

手嶋　ええ、ヘイウッドは、イギリスの新聞「デーリー・メール」によると、MI6・英国秘密情報部（＝SIS）の工作員が設立したインテリジェンス企業、ハクルート社のコンサルタントを務めたことがあったといいます。まあ、その筋の人物と見ていいでしょう。

佐藤　MI6に関わりがあれば、身分をカバー、即ち偽装している可能性が高いですね。

手嶋　これまた当然のことですが、MI6の統括組織にあたるホワイトホール・英外務省は「ヘイウッド氏がMI6に雇用されていた事実はない」と否定しています。ヘイグ英外相もそう証言しているのですが、MI6がヘイウッドから情報の提供を受けていたかどうかには触れていません。

佐藤　薄熙来一家と親密だったヘイウッドを通じて、ＭＩ６が中国共産党政権の内部情報を得ていたと見るほうが自然でしょう。こういうやり方を英国のインテリジェンスは好みますから。

手嶋　殺されたヘイウッドは薄熙来や妻の谷開来とビジネスを通じてカネ儲けをしていた。ヘイウッドはこうして薄熙来に食い込み、太子党グループに太い人脈を築き上げ、次期政権の中央山脈に連なる要人たちとよしみを通じていった。「ヘイウッド氏は身の危険を感じていた」と親しい友人が漏らしていましたから、中国共産党の政治局員レベルの人脈に余りに深入りし、命の危険すら感じるようになっていた。イギリスの諜報関係者らしいなあ。

佐藤　共産党体制の奥の院に足を踏み込むのは、なまなかな覚悟じゃできません。

手嶋　クレムリンの権力者たちと直《じか》に渡りあった佐藤ラスプーチンらしい述懐ですね。心して聞いておきます。さて、ヘイウッドは、重慶ではなく北京市内に住み、アストン・マーチンのスポーツ車を扱う外車ディーラーのアドバイザーまでしていた。ヘイウッドは共青団系の胡錦濤政権側とも通じており、共産党内の双方の派閥から情報をとり、それをディールするダブル・エージェント的な存在になっていったのでしょう。

佐藤　情報の世界では、食い込もうとする相手の政敵の情報を握っていなければならない。そのためには必然的にダブル・エージェントの性格を帯びていくんですよ。

手嶋　表向きの殺害理由は、薄熙来の夫人、谷開来との商売上のトラブルなどとされていますが、現政権側に寝返ろうとしたヘイウッドが邪魔になり、薄熙来のサイドから消された可能性も否定できません。

佐藤　中国共産党内の情報戦にヘイウッドが巻き込まれてしまった側面もあるんだろうと思います。突き放して言うならば、情報の世界で「知りすぎた男」に突如悲劇が降りかかってきたんでしょう。

赤い貴公子たち

手嶋　ヘイウッドと薄熙来一家が親密に付き合いだしたのは、薄熙来の息子の薄瓜瓜《かか》を英国の名門校ハロー校へ入学させる世話をしたのがきっかけでした。ヘイウッド自身もこのパブリック・スクールの出身です。ただし彼は、級友たちの多くが進んだオックスフォード大学やケンブリッジ大学には進めず、ウォーリック大学に入学しています。そして二〇〇一年から二〇〇六年にかけて、薄瓜瓜をパペルウイック校とハロー校に通わせ、徹底して面倒をみています。そしてオックスフォード大学のベリオール・カレッジに入学させています。

佐藤　まさしく「赤い貴公子」ですね。でも名門の出で資産もある子弟が多く通うハロー校には押し込めても、薄瓜瓜をオックスフォード大学に押し込むのは簡単じゃないですよ。

手嶋　そこで登場するのが、サッチャー人脈です。サッチャー首相の外交アドバイザーを務めたチャールズ・パウエルにオックスフォード入学工作を頼んだ節が窺えます。

佐藤　つまり、イギリスは、国をあげて薄熙来一家を取り込むために、「オックスブリッジ・カード」を切ったというわけだ。まあ、貴重な情報源に仕立てるためには、十分に回収が見込める投資ですよ。将来に備えて人脈を作っておく。老情報大国イギリスのなかなかに狡猾なインテリジェンス工作と言っていい。

手嶋　もっともオックスフォード大学を卒業した薄瓜瓜は、ハーバード大学のケネディ・スクールに進んでいますから、アメリカも「赤い貴公子」をハーバード人脈に取り込もうとしたことでは同じです。そういえば、習近平の娘もハーバード大学に通い、薄熙来の前妻との間に生まれたもう一人の息子もコロンビア大学国際公共政策大学院を卒業して、一時はシティ・グループに勤めていました。

佐藤　中国要人の子弟を名門大学に入学させ、それと引き換えに権力者一族をインテリジェンス・ネットワークに取り込もうと企む英米の情報機関の手の内が透けて見えるなあ。

盗聴ネットワークが聞いたもの

手嶋　ヴォクソール（ＭＩ６本部の所在地）は、中国に忍ばせてあったヘイウッドを介して、奥の院の極秘情報を引き出していったのでしょう。ロイター通信は、薄熙来が胡錦濤国家主席の電話を盗聴し、政権側の秘密情報を握っていたと報じています。

佐藤　興味深い情報です。薄熙来は盗聴によって、共産党中央の機密情報を手にして、その一部をＭＩ６に流していた可能性はあるでしょうね。このため中国当局は公的な捜査に乗り出し、その結果、中央権力に対する挑戦とみなされて、薄熙来が失脚する遠因になったとも考えられます。

手嶋　アメリカのニューヨーク・タイムズ紙によれば、二〇一一年八月、重慶市を訪れていた馬駿《ばぶん》監察相が胡錦濤主席あてにかけた電話も盗聴されていた。重慶市公安局長で薄熙来の腹心だった王立軍がこうした盗聴ネットワークをたちあげ、胡錦濤国家主席あての会話を盗聴していたことが発覚しています。

佐藤　さて、英国の情報部と従兄弟の関係にあるアメリカのCIA・米中央情報局は、第一級の情報源であるヘイウッドをどう扱っていたのか、興味が尽きませんね。ヘイウッド殺害事件の捜査に絡んで、身の危険を感じた王立軍は、四川省成都のアメリカ総領事館に駆け込みました。そこで過ごした三十時間が問題を解くカギというわけです。

手嶋　王立軍・重慶市副市長兼公安局長は、盗聴事件の捜査資料も持ち出したと伝えられています。ニューヨーク・タイムズ紙は、この資料は米総領事館に持ち込まれたものの「米側には渡されなかった」と報じていますが、真相はわかりません。また王立軍がアメリカに渡したのはヘイウッド殺人事件に関する情報だけだったとも書いています。

佐藤　米当局者のブリーフィングをそのまま記事にしているだけでしょうから、本当のところは判りませんよ。一般論として「資料を総領事館に持ち込んだが、米側には渡さなかった」などというのはにわかには信じられない。最低限、コピーくらいはとっていると思います。

手嶋　王立軍の総領事館への駆け込みは、ホワイトハウスにも速報されました。しかし、オバマ政権は結局、王立軍の政治亡命を認めませんでした。いま王立軍は中国公安当局の拘束下にあるのですが、米側へ情報を提供したかどで国家反逆罪に問われれば、処刑される怖れがある。そうなればオバマ政権は米国内で厳しい批判にさらされます。だから米政府は「それほどの情報を得てはいない」とシラを切っていると見るべきでしょう。

佐藤　薄熙来の命を受けて、盗聴などのインテリジェンス活動を統括していた王立軍ですから、政権中枢の情報をふんだんに持っていたはずですよ。亡命を期待してウォークインしたとき、アメリカ側への土産として機密情報を抱えていった可能性はあると見ていいでしょう。

手嶋　注目の初公判では「谷被告は数年前、大連の不動産業者が主導する土地開発計画に参画するようヘイウッド氏に持ちかけたが、計画が頓挫して関係が悪化してしまった。報酬を求める同氏が、英国留学中の谷被告の長男の身の安全について脅迫するようになった。息子が危険にさらされていることを知った谷被告は神経衰弱に陥り、ヘイウッド氏の殺害を決意。薄家の使用人を通じてヘイウッド氏を重慶市のホテルに呼び出し、酒に酔って水を求めた同氏の口に毒薬を入れて殺害した。公安局長だった王立軍・元副市長はその後、谷被告をかばうために殺人事件の証拠の隠匿を指示した」と検察側が述べています。

佐藤　金をめぐるトラブルで神経衰弱に陥った谷開来被告が引き起こした殺人事件という単純な構図に矮小化して、事件のダメージ・コントロールをしようという当局の意図が透けて見えますね。今後、薄煕来の処遇も含めて、中国共産党の権威を傷つけないようにどんな手を打ってくるのか、中国のインテリジェンスのお手並み拝見です。

重慶製ミサイル運搬車の密輸

手嶋　インテリジェンスの扱いには命がかかるといわれますが、情報漏洩がらみで日本でも犠牲者が出ました。二〇一二年六月二十日、外務省のインテリジェンス部局である国際情報統括官組織・第二国際情報官室の担当官が、千葉県茂原市の自宅から遺体で見つかりました。この男性は海上保安庁から出向していた企画官で、自殺と見られていま す。機微に触れる情報を扱っていた彼の死は、インテリジェンス・コミュニティに衝撃を与えました。

佐藤　その企画官は、その一週間前の十三日、朝日新聞がスクープとして一面トップで報じた「中国製の弾道ミサイルの運搬・発射用の大型特殊車四両が北朝鮮に輸出された事件」に関する情報を漏らした疑いで外務省当局から事情聴取されていたとみられます。外務省によると、企画官は、二〇一一年四月、海上保安庁から外務省に出向した、対中国、北朝鮮情報のプロフェッショナルでした。外務省は「勤務態度に問題はなかった。そのほかのことについては、プライバシーの問題があるのでコメントできない」と説明しています。この情報漏洩と企画官の自殺事件は、その内容が極めて重大であるため、関係国のインテリジェンス・コミュニティで「日本政府から何故極秘情報が漏れたのか」と大きな関心を呼んでいるんです。中国政府が国連決議に違反してミサイル関連物資を北朝鮮に輸出していた確たる証拠を握りながら、米・日・韓のいずれも国連安保理の場で中国を非難することをしなかったのですから。自分たちにも火の粉が降りかかってきますからね。ロシア国営ラジオ「ロシアの声」は早速反応し、日本のＴＢＳを引く形で六月二十五日に自殺の模様を詳しく報じています。異例なことですよ。それによると、メディアに中朝関係の極秘情報を流したと疑われていた外務省職員の遺体には自殺の痕跡があったと伝え、彼は知り合いに「秘密漏洩の処分が待っている」と話しており、すでに当局の事情聴取を受けていた模様だと報じています。

手嶋　ロシアのインテリジェンス・コミュニティの関心の高さを窺わせる報道ですね。ここでミサイル運搬車密輸事件の概要を見ておきましょう。二〇一一年八月一日、中国は、上海港からカンボジア船籍の貨物船「ＨＡＲＭＯＮＹ　ＷＩＳＨ」（一九九九トン）で北朝鮮の南浦港に向けて十六輪の大型自走プラットホーム四基、つまり弾道ミサイル運搬車両を密かに輸出したのです。この軍用車両は二〇一二年四月、故金日成主席の生誕百周年を祝う平壌市内のパレードに堂々とお目見えしました。

佐藤　北朝鮮への核ミサイル関連物資の供与は、言うまでもなく国連安保理決議に違反する行為ですよ。ところが、さきほど指摘があったように、米国、日本、韓国は、北朝鮮側をことさら刺激して朝鮮半島情勢を緊張させないようにという配慮からか、この機密情報を公表しないと申し合わせていた模様です。

手嶋　そうだとすれば、機密情報が朝日新聞に漏洩されたことで、一種の国際的なスキャンダルになったということになりますね。北朝鮮に宥和的な姿勢を取っていると内外から批判を浴びるのは必至でしたから、アメリカ政府は怒り心頭に発し、日本側に「機密の保持はどうなっているんだ」と怒鳴りこんできたというわけです。

佐藤　国連決議に違反した当の中国政府は、北朝鮮へミサイル運搬車を供与したかどうかは、肯定も否定もしませんでした。

手嶋　アメリカ政府の当局者は、ミサイル運搬車が北朝鮮の手に渡ったことには一応「憂慮の念」らしきものを表明したのですが、「中国は今後も北朝鮮への協力は続けるだろう」と呑気《のんき》なコメントをしています。アメリカの北朝鮮に対する宥和的な姿勢が際立っています。イランの核問題で手いっぱいで、北朝鮮の核問題に真剣に取り組む余裕がないことを窺わせています。国務省のスポークスマンは「情報は諜報機関ルートで得られたものであるため、詳細を明らかにするわけにはいかない」と煙幕を張っています。

佐藤　私はかつて国際情報統括官組織の前身である国際情報局に主任分析官として勤務したことがあるので、今回の事態の深刻さがよくわかるんです。海上保安庁からの出向者は、外務省のかなり高いレベルの「秘」や「極秘」の指定がある公電はもとより、状況によっては「極秘限定配布」という極めて秘密度の高い公電にもアクセスできる。それだけではない。このポストにいる人は、CIA、SIS・英国秘密情報部などから寄せられる機密情報にもアクセスできるんですから、この事件の重要性が判るでしょう。

手嶋　そもそも、自殺した企画官がほんとうに機密情報をリークしたのか、真相は依然として闇の中です。朝日新聞の記事は「複数の日本政府関係者が明らかにした」と書いていますが、口頭で聞きだして書けるような記事じゃない。積み荷を記した証拠書類がメディアに渡っています。

佐藤　私が得ている情報では、朝日新聞側は外務省の企画官に一切触れていないということです。むしろ外務省の一部に、この企画官に情報漏洩の疑いをかけようとする動きがあったということです。真の漏洩者を守ろうとする動きだと思います。いずれにせよ、上海港から北朝鮮の南浦港に怪しいカンボジア船が入港し、大型の機材を陸揚げした。その様子はアメリカの偵察衛星が逐一監視していますから、この船がその後、大阪港に入ったことを確認し、インテリジェンス・コミュニティのリエゾン、つまり日米の情報交換の窓口を通じて、海上保安庁に臨検を要請したんです。

手嶋　それを受けて、第五管区海上保安本部は、正式な捜査令状なしで臨検を実施したようですが、特に怪しい積み荷は見つからなかった。しかし上海の輸出代理店が発行した積み荷の詳細な目録を手に入れ、輸出元が人民解放軍系の「中国航天科工集団公司」の傘下にある「武漢三江輸出入公司」であることが判ったのです。この目録は、日・

米・韓のインテリジェンス・コミュニティに渡りましたので、日本にいる第三国のリエゾン、あまり詳しくは申し上げられない筋から情報が出た可能性も否定できません。

佐藤　うーん、具体的な情報源の話になると、詳細に立ち入るのはちょっと難しいでしょうね。この事件ではっきり言えるのは、こと北朝鮮に対しては、アメリカ側の腰がかなり引けているということですね。二〇〇九年、ミサイルを発射した北朝鮮に対して、国連安保理は核ミサイル関連物資の北朝鮮向けの輸出を禁じる制裁決議「一八七四号」を採択しました。中国の今回の輸出は、国連決議に違反するのは明らかです。ならば、国連安保理の場でこれを取り上げて、中国を締め上げる絶好の機会だったのですが——。

手嶋　冷たい戦争で米ソの緊張が沸点にあった一九八三年九月一日、大韓航空機ボーイング747型機がサハリン沖でソ連の領空を侵犯し、ソ連軍機に撃墜されて乗員乗客二百六十九人全員が死亡する衝撃的な事件が起きました。このとき、アメリカのレーガン大統領は、ソ連軍機が司令部から撃墜の指令を受けた交信記録を日本側から入手し、国連安保理でソ連の代表を追い詰めて屈服させました。こうしたアメリカ政府の果断な行動を思い出すにつけ、「ああ、アメリカ外交衰えたり」という感を深くしてしまいます。

佐藤　しかし、日本のインテリジェンスが蒙ったダメージは甚大でした。稚内にいた陸上自衛隊の電波傍受部隊が密かに傍受したソ連軍機の交信記録をアメリカ側が公表してしまったため、ソ連側は軍用機の交信周波数を直ちに切り替えた。それで、しばらくは機密情報が途絶してしまったんです。東側陣営に対する電波傍受の実績で高い評価を得ていた陸上幕僚監部調査第二部別室、いわゆる「調別」は立ちあがることができないほどでした。インテリジェンスの戦いとは、同盟国同士であっても、かくも苛烈なものなんですよ。

手嶋　そう、「インテリジェンスの戦いに同盟国なし」といいますから。

中国外交官の三流スパイ事件

手嶋　超大国アメリカが、東アジアで新興の大国中国の攻勢に遭っている一方で、中国のインテリジェンス・ネットワークは、国際情報都市・東京でも着実に裾野を広げています。在日中国大使館の一等書記官のスパイ事件がその典型と言っていいでしょう。実は、李春光一等書記官は人民解放軍の総参謀部に属する諜報員でした。事件は、読売新聞社会部のスクープ記事（二〇一二年五月二十九日）によって大きく報じられました。

ほとんど中国版ラストヴォロフ事件といった華々しさでした。しかし、この記事を読んだ一般の読者は一体どこが重大スパイ事件なのか、さっぱりわからなかったはずです。

佐藤　人民解放軍の諜報組織が日本に放ったスパイといっても、日本政府の重大な国家機密を掠《かす》め取ったり、日本の政府要人を多額の金で操っていたわけではありません。

手嶋　それだけに、いまの中国が日本を舞台にいかなる情報活動を繰り広げているのかを知る興味深いケースとは言えそうです。

佐藤　いまの中国のインテリジェンス活動を理解するうえでは格好の素材ですね。こうしたケースを放置しておけば、重大なスパイ事件に発展する怖れは十分にあったとみていい。

手嶋　ワシントンD.C.でもそうですが、中国のインテリジェンス・オフィサーは、米政府や軍、それに議会を標的に広汎な工作を繰り広げています。さらに一歩踏み込んで、政府職員を買収するなど非合法な情報活動を行っているケースもあります。このようにスパイ活動は幅広いインテリジェンス活動にすっぽりと包みこまれているので、至極わかりにくいのです。

佐藤　合法と非合法の間に灰色の領域が拡がっています。

手嶋　ここで、読売新聞に沿って、事件の概要を見ておきましょう。在日中国大使館の李春光一等書記官は、かつて大学の研究員をしていた時の外国人登録証明書を不正に使って銀行口座を開き、民間企業にコンサルタント料を振り込ませていた。これはウィーン条約で禁じられている外交官の商業活動にあたる。警視庁公安部は長い間、李書記官を泳がせていたのだが、意を決して在日中国大使館に李書記官の出頭を求めたところ、中国に向けて急遽出国してしまったというものです。

佐藤　言うまでもありませんが、これでは形式犯。実は李春光書記官は農林水産関係者を中心に政府や農政関係者と手広く接触し、人脈構築工作（ヒューミント）をしていたと見られます。通常の情報工作要員は、外交や安全保障の分野を標的にするものですが、彼は農業分野を主なフィールドにしていた点で特異な工作員だった。

手嶋　中国人民解放軍総参謀部のインテリジェンス組織である第二部に籍を置いていたにしては、かなりユニークなスパイだといえますね。

佐藤　軍の外国語学校で日本語を学んだ李春光は日本語がとても達者だったので、入国直後から、日本のカウンター・インテリジェンス機関である警備・公安警察の監視下に入ったらしい。中国の諜報活動は欧米やロシアとは違って、金で釣ったり、恫喝を織り交ぜたりといった強引なスパイ活動はあまりしないのです。目的を悟らせずに人間関係を築き、不正に情報を引き出し、それと知らせず中国の政策の浸透を図ったりする。

手嶋　李春光も東大や松下政経塾の研究員をつとめて日本の人脈を広げていきました。日本には様々な肩書で出入りしていますが、一九九三年に福島県須賀川市に、友好都市である洛陽の職員を名乗って滞在し、農林関係者に知り合いを広げて情報活動をしていました。

佐藤　実は読売新聞のスクープ記事では「一等書記官」となっていたのですが、すぐにピンときました。「TPP・環太平洋パートナーシップ協定に日本が参加しないなら、百万トンのコメを中国の富裕層に向けて輸出する仕組みを作ってもいい」と日本の農政関係者に囁いている中国外交官がいる、と耳にしていましたから。将来、中国は必ず食糧危機に見舞われる。これは日本の農業、とりわけコメ作り農家にはチャンスであり、対中輸出構想には中国人民解放軍も影響力を行使できるなどと持ちかけていたというのです。

手嶋　情報関係者ならずとも、安全保障は格調高い「ハイ・ポリティックス」、一方の通商ましてや農業は「ロー・ポリティックス」と思いがちです。ところが、李春光書記官は、一見すると格落ちに見える農業問題を巧みに使って、日本を同盟国アメリカが推進するTPP構想から引き剝がし、日・中・韓のFTA・自由貿易協定、さらには「ASEANプラス6（日・中・韓・印・豪・ニュージーランド）」の連携に引き込もうとした。TPPはアメリカの環太平洋・東アジアの安全保障システムと裏表になっていますから、彼の着眼点は素晴らしい。

佐藤　しかも、日本のコメを撒《ま》き餌《え》にしているのですから、アートとしてのインテリジェンス活動としてはなかなかに面白い。中国の場合は、情報をくれた相手に渡す金は一万円程度だと言われています。むしろこれくらいの額ならば、疑われずに相手が受け取ってくれます。それで回数を重ねていく。何度もお金をもらっていると、一回は少額でも確実に弱みになります。中国の場合、自力更生で、現場のスパイ個人が工作資金を作るケースもある。そんなこともあって、日本企業の臨時アドバイザーになるなど、アイデアで勝負していたのでしょう。

手嶋　今回はたまたま事件が表面化しましたが、日本ではこうした中国の情報関係者が様々な肩書で活動していると考えたほうがいい。東京は世界でも有数のインテリジェンス都市ですから、広大な沼に様々な魚が棲んでいるように、インテリジェンス・オフィサーも棲息していると考えるべきです。

戦略の海に乗り出す中国海軍

手嶋　さて、ここで中国が掲げる大きな戦略に話を転じましょう。今パキスタンの、北アラビア海を扼《やく》する位置に、グワダル港という港が整備されつつあります。名目上は商業目的でシンガポール資本ですが、これは表向きで実は中国系の資本です。やがて中国から人も金も物も投入されて大軍港になるのでしょう。アラビア海からインド洋、南シナ海、東シナ海、そして中国、日本と繋がる海の大動脈、グワダル港はそれを扼する要衝というわけです。将来は横須賀基地や呉基地のように、艦船修理機能を備えた、空母機動部隊が入港できるようになるかもしれません。

　中国は建国以来の理念としてかつて一度も国外に植民地を持たなかった。ましてや国外に軍事基地を持ったこともありません。中国が将来の空母機動部隊の寄港地にと目をつけているグワダル港こそ中国の路線転換を象徴する重要拠点なのです。そのグワダル港を望む海域こそ北アラビア海です。だから、アメリカは二〇一一年五月、ビンラディン殺害の際に、米海軍の新鋭空母「カール・ヴィンソン」をその海域に待機させて、遺体を収容したのでしょう。中国へのアメリカのメッセージと解釈すべきです。

佐藤 いまの日本人にとって、中国の空母ほど気になる存在もないでしょう。「ワリヤーグ」というウクライナの空母を、どうやって中国が「盗んだ」かという経緯も含めて興味は尽きない。

手嶋 「洋上のカジノを作りたいから売ってくれ」と突如マカオのビジネスマンがウクライナに現れた。これが全ての始まりですね。

佐藤 かつてソ連から買った「ミンスク」が洋上テーマパークになっていることを考えれば、カムフラージュとしてぎりぎりの線かも知れません。しかしこの「ワリヤーグ」は、訓練中ですが、いまやもう中国初の空母として初航海に出たのですから、東アジアの海域はまさしく戦略の海と化しています。

手嶋 「ワリヤーグ」に関する情報源は、やはりロシアと見ていいですね。

佐藤 ええ、そう思います。ロシアは一つには中国に対する警戒心から、またウクライナがろくでもない国なんだと強調するために、ウィキペディアなどに「秘」の情報を流したのでしょう。ウィキペディアには国ごとの文化が色濃く映しだされています。ドイツやチェコではウィキペディアはなかなかに正確です。何故かというと、ウィキペディアに書き込みをするのはインテリじゃないと駄目という文化があるからです。専門家以外が入ってくるとすぐに除去されてしまいます。一方、ロシアでウィキペディアに関わっているのは政府機関です。重要事項はすべて当局の意向が投影されています。そこへいくと日本のウィキペディアは信用出来ない。そこには日本人の有象無象《うぞうむぞう》の趣味が反映されています。

洋上カジノが空母に化けた

佐藤　「ワリヤーグ」という航空母艦をどうやって中国が盗んできたか。問題の淵源は、ソ連の解体にあります。通常、国家が解体するときには、国家継承というものが行われる。これは一国で行うわけなんです。それがロシア。そうすると、旧ソ連邦を構成した残りの国々は、通常、債権債務を互いにすべて放棄することになる。更地にして出直すわけですね。ところがウクライナは、債権も継承するけど債務も継承する、すなわち分割交渉しようと持ちかけたのです。だから各大使館の土地もウクライナは要求した。ウクライナの債権債務は旧ソ連邦の一七パーセントなんだから、その分を寄越せとね。軍に対してもそれをやった。中国に渡った航空母艦は、もとはと言えば、そうした経緯でウクライナ政府がロシアに要求したものです。

一九八八年に進水した造りかけの「ワリヤーグ」という空母が、当時、黒海のニコラエフ造船所にあった。それを寄越せと迫ったら、ロシアから「メンテナンスできないぞ」という返事が来た。基礎体力がないくせに出来るわけないだろうと。それでもウクライナは折れず、ついにロシアは空母を引き渡したのです。そして案の定、メンテナンス不能で、空母は傾き始めた。こんなものが湾の中に沈んだら大変だ、どうしようと大騒ぎになった。スクラップにする技術もないとうろたえているところに、突然マカオのカジノ会社が現れたんです。曰く、我々は今、洋上のカジノを作ろうと計画中である。これを売ってはくれまいかとね。

手嶋　カジノにするということで、二〇〇一年十月、タグボートで曳航を開始し、五カ月かけて南シナ海に引っ張ってきた。ところが、「ワリヤーグ」は目的地マカオを素通りして、なんと大連の軍港に入った。

佐藤　この先はウィキペディア情報になるんですが、「ワリヤーグ」が大連に入るや、購入したカジノ会社の登記が抹消されてしまった。会社が消滅したのだから、ウクライナ側も抗議する相手がいなくなってしまった。それにつけても、手嶋さんが日本で初めて書いたインテリジェンス小説『ウルトラ・ダラー』は、今日の事態を恐ろしいほど言い当てている。近未来に起きる事件を物語のなかですでに書いてしまっているのですから。この特異な物語では、新鋭の巡航ミサイルが密かに北朝鮮の手に渡るのですが、その背後に中国の影が伸びている。その淵源を辿ると旧ソ連製の巡航ミサイルなのですが、より正確に言うならばウクライナ製と言っていい。そして、マカオのダーティな銀行バンコ・デルタ・アジアがその取引に絡んでいる。その黒いルートは精巧な偽ドル札を量産する機械がマカオに納入されるルートとぴたりと重なっている。

手嶋　二〇〇五年の時点で物語の大筋は書き終えていましたから、確かに事件は未だ現実のものになっていませんでした。奇《く》しくもというべきか（笑）、その後は、日々のニュースがこの物語を追いかける展開となりました。

佐藤　今回のウクライナ製の空母の対中輸出に関しても、ウクライナ、マカオ、大連が三題噺のように登場し、『ウルトラ・ダラー』の世界を裏書きしています。実に面白い。そこまで見通していなければ、こんな奇想天外なストーリーなど書けるはずがありません（笑）。

手嶋　情報源が微妙に絡んできますので、読み筋はラスプーチンにお任せして、僕はコメントを控えておきます。

佐藤　空母の話でちょっと脇道に入らせて下さい。世界史上、航空母艦を五隻以上運用した国は、日本とアメリカだけしかないんです。イギリスも数の上では持っているが、すべて小型の改装空母。そもそも空母は三隻以上なければ作戦が出来ません。一隻のみでは飾り物、半ば国家の虚栄心の発露にすぎないのが現状です。その典型として、私が是非取り上げたいのが、旧日本陸軍の空母「あきつ丸」です。日本のインテリジェンスの失敗例として是非触れておく必要がある。日本では陸軍が空母を持っていた事実は意外に知られていない。でも実際に航空機の発着が出来たのです。形のうえでは揚陸艦ということになっているけれど明らかに空母です。陸軍の船舶本部が持っていたのですが、この船舶本部って馬鹿でかく、中堅国の海軍ほどの規模でした。航空母艦の重要性がわかっているから自分たちも持っておきたいという陸軍のセクショナリズムから生まれたものです。さらに海軍も、戦況が不利になると陸軍輸送船の警護に空母をつけなくなりました。それで輸送船の損害が大きくなった。戦争の全体像を考えない海軍のセクショナリズムも問題です。

手嶋　陸海軍のセクショナリズムこそ、国を滅ぼす不治の病でした。

佐藤　空母を持つと言っても、海軍とは全く仕様が違う。互換性の効かない空母と艦載機を陸軍が所有するということ自体、異常というほかありません。因みに、旧ソ連、そしていまのロシアも、建前の上では航空母艦は一隻も持っていないことになっています。何故なら、ボスポラス、ダーダネルスの両海峡は、戦艦も空母も通さないことになっているからです。ですから「滑走板付き巡洋艦」ということで誤魔化しているわけです。この辺は知恵くらべというべきでしょうね。

ロシア・パブのウクライナ女性

佐藤　この辺で少し話の品格を落としませんか。

手嶋　ええ、存分に落としていただいて構いません。前回、佐藤さんと対論をした際、さる高名な知識人が強烈な知的関心を示したくだりは、ロシア人の夫婦は週に何回セックスをするかという点でしたからね（笑）。

佐藤　東京・錦糸町のロシア・パブにいるのは何故ウクライナ人なのか。日本を初め旧西側諸国には、ウクライナは西側の仲間みたいなものだという固定観念がある。だからビザは簡単に出る。ロシア人の場合は身元引受人を作って行動計画を全部出さないといけないが、ウクライナ人に対しては身元引受人さえいればビザが発給されるんです。だからウクライナ人には二重国籍者が多いし、ロシアとの間で国籍移動なんてしょっちゅうある。しかもウクライナは教育水準が高く、ロシア人と同じロシア語を喋る。逆にウクライナ語を喋るやつなんかほとんどいない。それゆえインテリジェンスのプロはウクライナ人を使うんです。

手嶋　ウクライナというとオレンジ革命の印象が鮮烈ですから、西側世界にぐんと寄り添っている印象が持たれていますが、現実はあの国の内情はそんなに単純じゃない。

佐藤　ユーリヤ・ティモシェンコを見ていれば分るでしょう。「美しすぎる首相」と呼ばれた政治家です。いまは、日本との二酸化炭素排出権取引をめぐる資金の不正使用のかどで現政権から起訴されて、二〇一一年八月に禁錮七年の実刑が確定しました。彼女は当初、親西欧派と見られていました。ところが毒薬事件のユシチェンコが大統領になったら、彼女は親ロシア派と見られる。そしてヤヌコーヴィチと闘うときは、西欧派。

日本の新聞などは、彼女がどちらの側なのか全く見当がつかないでしょうね。虹のスペクトルとでも言えば分りやすいかも知れない。赤と青の間、つまりロシアと西欧の間のスペクトルなのです。

手嶋　見る者の立ち位置がちょっと異なるだけで、色あいが全く違って見えるんですね。

佐藤　要はどっちが赤寄りなのか青寄りなのかというだけの話なんです。ウクライナはそのスペクトルの中にいるわけだから、どんなに西欧寄りに見えたって尻尾にはロシアがついている。

手嶋　なるほど、底流にはロシアの影が黒々と落ちているという訳ですね。

佐藤　仮にウクライナがＮＡＴＯ・北大西洋条約機構に加盟することが決定したとしましょう。ロシアは必ず軍事侵攻します。もしくは内部からクーデターを起こさせます。理由は簡単、ロシアの宇宙産業、兵器産業はいまだにウクライナと一体化したままなのです。兵器の秘密が全部ＮＡＴＯに握られたら、ロシアは軍事関連のマーケットを失うことになる。ＮＡＴＯもそこは分っているから、常にウクライナへの歩留まりはつけている。

手嶋　中国や北朝鮮で武器の密輸事件が持ちあがると、そこには必ずと言っていいほど、ウクライナ・ファクターが登場しますからね。

佐藤　ウクライナが非常に難しい地域であることを示すエピソードをもう一つ。ウクライナとロシアの間でたった一つの単語をめぐって大論争が起きたことがあるんですよ。「ヴ」と「ナ」、英語で言えば「ＩＮ」と「ＯＮ」に当たる単語です。国に付く前置詞は通常「ヴ」なんですが、ウクライナだけは伝統的に「ナ」なんですね。ロシア語で「クライ」は田舎を意味し、旧ソ連時代は国家より下位団体だから「ナ」が用いられていた。そこでロシアも「ナ」でもってずっと外交交渉をしていたら、ウクライナが外交文書の受け取り拒否を始めたんですよ。一九九二、三年ごろ、ソ連邦崩壊の余韻が残っている時代の話。最終的にどっちが勝ったかというと、ウクライナに軍配が挙がった。

手嶋　ウクライナは旧ソ連邦の兵器廠そのものであり、核兵器も多く配備されていました。その点でウクライナこそ、世界の枢要な兵器廠でもあり、戦略上の要衝でありました。この国に目をつけた中国の戦略眼はさすがというべきでしょう。

佐藤　だから、悪のインテリジェンスとして非常に正しいわけです（笑）。中国という国は、インテリジェンスの論理と技法を持っている。歴史もそれなりに持っている。しかしモラルが違うんですよ、他の国と。こういう、モラルが違った国が、かつてあった。

ナチス・ドイツがその代表例です。ヒトラーの『マイン・カンプ（わが闘争）』が、何故か最近ドイツ語で入手できるようになった。これは二〇一〇年あたりからの現象です。需要があるということは、そうした問題が存在するという証なのでしょうね。

手嶋　中国とウクライナは地下水脈で繋がっていると見立ててよろしいですね。

佐藤　ええ、『ウルトラ・ダラー』に書いてある通りです。中国の研ぎ澄まされたインテリジェンス感覚ゆえに掘り当てた金鉱脈、それがウクライナだったのです。

第3章　イランの鏡に映る日本外交

会見写真から消えた男

手嶋　二〇一一年の暮れ、「天下大乱を予感させる二〇一二年の行方を読む」というテーマで佐藤優さんと語り合いました。佐藤さんはこの対談の最後を「ただし、イランがイスラエルとドンパチ始めたら、いま述べてきたシナリオはすべて書き直さなくてはならない」と締めくくりましたね。いまのところ「ドンパチ」には至っていないものの、イラン情勢は緊迫しています。イスラエルは単独でもイランへの攻撃を辞さない構えを崩していません。

佐藤　大枠では見通しの通りに推移していると見ていいですよ。ただし、鳩山由紀夫さんという波乱のファクターの登場を除いてはね。

手嶋　国際社会はいま、イランの動向を息をひそめて見守っています。イランという国は日本の遥か彼方にあり、一昔前ならイランで何が起きても新聞の外信面が扱う出来事に過ぎませんでした。イランのシャーがアメリカへの亡命を余儀なくされた出来事は現代史の大事件だったのですが、当時の日本ではやはり遠い中東の異変に過ぎなかったといっていいでしょう。しかしいまや日本を取り巻く国際情勢は大きく様変わりしてしまいました。今後のイランの動向は日本経済を直撃しかねない。

佐藤　そう、それだけに、イランという鏡には、日本のインテリジェンスのありようがくっきりと映し出されている。

手嶋　そんなイランにとって、いまの時期、日本はとても重要な国になっている。こんな国は他に思い浮かべることができますかね。

佐藤　いやあ、ないでしょう。二〇一二年四月、鳩山由紀夫元首相がイランを突如訪問した。これ、手嶋さん、どういうふうに見ています。

手嶋　いま、佐藤さんは、「鳩山元首相がイランを訪問した」と元首相を主語にクールに表現しましたね。でも現実は、与党の外交担当最高顧問にして総理経験者をテヘランに誘っていったインテリジェンス・ネットワークが、この東京で見事に作動したと見るべきでしょう。

佐藤　ええ、じつに鮮やかな手並みだったと思います。

手嶋　イラン当局が発表した会見の写真ですが、アフマディネジャド大統領がいて、鳩山さんがいて、通訳がひとり真ん中にいる。あの写真がすべてを物語っています。ちょっと見には当たり前の構図に見えるかもしれませんが。

佐藤　ふつうは誰が写っているかに注目しますよね。

手嶋　でも佐藤さんのようなプロフェッショナルはそうじゃない。

佐藤　そう、誰が写っていないか。それが非常に重要なんですよ。

手嶋　大切な外交交渉では、たとえば、佐藤栄作とリチャード・ニクソン会談では、日米の双方からの通訳がいます。外交交渉で相手側が用意した通訳に頼ってしまえば、正確さもさることながら、相手のペースになってしまう。ですから、英語が母国語と同じほどに出来る日本の外交官も対米交渉では英語は使わない。自前の通訳を用意するんです。相手の言葉を使えば不利な交渉になりますから。

佐藤　重要な会談では、通訳とは別にノートテイカーもいて、きちっと記録をとっている。その記録こそが正史を紡いでいくんです。

手嶋　ところがアフマディネジャド・鳩山会談にはイラン人の通訳がひとりだけ。

佐藤　そう、日本外務省の通訳が入ってない。鳩山さんは民間人のペルシャ語通訳を東京から連れて行きました。しかしなぜか写真には写っていない。在テヘラン日本大使館が関与してないということなのかというと、そうじゃない。この席に駒野欽一駐イラン特命全権大使がいるわけですよ。ちなみに大使というのは、天皇陛下の信任状を持って、相手国の元首に信任状を奉呈して勤務をする。大使というのは国家を体現しているわけです。

手嶋　大使車はその国の国旗をなびかせて走っています。北京で丹羽宇一郎特命全権大使の乗った車が反日を標榜する男たちに狙われて日本の国旗が持ち去られましたが、いわば日本という国家が強奪されたと受け取るべきなのです。

佐藤　おっしゃる通りです。海外の国で日の丸が揚がっている車は、その国に一台しかないのですからね。役職がナンバー2とかナンバー3の間は、日の丸をつけた車では走れない。大使が日本に出張に行っている間は、臨時代理大使というのを指命して、その人が乗る車に国旗がつく。そうしたことに象徴される、目に見えない日本国家というものを背負って歩いている可視的な存在が、大使なんですよ。それほど重要な日本大使が、今回のアフマディネジャド・鳩山会談に同席している。ところが、姿を隠しているわけですね。写真に写っていない。しかも大使が同席しているのに大使館の公式通訳が出ていない。異常な会談ですよ。

手嶋　その一方で、ペルシャ語の専門官も同席して、会談記録はとっていたことが確認されています。

佐藤　だから外務省には公電で会談のやりとりが報告されている。そうすると、日本政府は「全く私的な訪問であって政府とは無関係だ」と言っているんですが、外交の常識ではそんなことは通用しないんですよ。明らかに公式会談です。

手嶋　北朝鮮にアメリカのカーター元大統領が出かけていったことは確かにありました。でもカーターさんのケースは今回とは違います。時の政権与党の最高顧問といった立場にはありませんでした。鳩山さんは、議院内閣制の下での与党の、しかも外交の最高顧問の肩書のままイランを訪問したのですから。

佐藤　そうですね。議院内閣制においては、与党と政府は一体です。民主党の対イラン独自外交が発動されたとみなさざるをえない。

二元外交の様々な顔

佐藤　あの鳩山さんのイラン訪問に関して、新聞などには「二元外交だ」と批判の記事がたくさん載りました。たしかに二元外交なんですが、単純な二元外交批判というのは、ピントがズレているんですよ。そもそも「二元外交だから」と言って激しい非難の対象になるのは、日本の特殊性から来ているんですよ。これは戦前、戦中の歴史を見ないといけないのですが、「統帥権の独立」があったわけですね。だから、大使館と全く別のところに武官府があった。武官府は統帥権を盾に外務省から独立して情報活動を展開し、暗号も独自のものを組んで陸軍省、海軍省に公電を打って報告していました。外交方針というものが、外務省と陸海軍という二カ所で決まっていたのが実態でした。戦後はその教訓として外交を一元化することにした。だから、日本の大使館に勤めている人間は、全員実は外務省員なのです。これは案外知られていないのですけれど。

手嶋　ですから、防衛省の制服組が海外に赴任すると、防衛駐在官になるのですが、戦前と違って、身分は一時、外務省員となって在外公館に勤務するのです。

佐藤　そう、外務省員としての身分を持つわけです。

手嶋　したがって、イランの首都テヘランに赴任している防衛駐在官が公電を打つ場合には、駐イラン日本大使の裁可を経て、大使名で電報は外務本省に打たれる。防衛省に直接打電するわけではない。

佐藤　防衛省に直接行く電報は、一通もないのです。電報は、防衛情報という形になって、一回外務省に入って、外務省から防衛省に流れるということになっている。

手嶋　一九九一年の湾岸戦争の際、イラク軍機が大編隊で隣国イランに飛来した機密情報をテヘランのペルシャ語の専門官チームが摑むのですが、テヘランの防衛駐在官は苦しい立場に立たされました。当時の防衛庁としても、テヘランからとてつもない機密情報が出ているらしいが、自分たちには届かない。

佐藤　ああしたケースでは、防衛情報ではない「極秘限定配布」に指定して、防衛庁には回さないことがあります。

手嶋　でも異様な空気は伝わってきますから、防衛庁の情報部門としては、テヘランの防衛駐在官に連絡をとって情報を催促することになる。こうしたケースでは、暗号をかけない連絡が発生しますから、機密がイラン側に抜ける怖れが出てくることになります。

佐藤　外交一元化というのは、公電の流れに象徴されているんですよ。しかし、実際には外務省を経由していてはできない外交って、たくさんあるんです。

手嶋　大蔵省の全盛時代には、ワシントンに独自の事務所を置いて、派手な二元外交をやっていた時期がありました。ただ、こちらも暗号システムが不備ですから、アメリカ側には筒抜けでしたが。でも外務省にさえ知られなければよかったのでしょう（笑）。戦後型の二元外交華やかなりし時代でした。

佐藤　現実の外交では、議員のチャンネルを使う、民間人のチャンネルを使うということはあっていい。ただしそれは、最終的に官邸で統括されていて、外務省の了承を得た上で行われていないと、戦前型の二元外交になってしまうのですね。ですから、プレーヤーは二人いる、しかし根っこの手綱は一人で持っている。こういう二元外交というのは、あっていいわけですよ。むしろいろいろ使った方がいい。

よい二元外交、悪い二元外交

手嶋　小泉純一郎総理（当時）の北朝鮮への電撃的訪問を例に見てみましょう。最初の訪朝劇は二〇〇二年、北の「ミスターX」を経由して実現しました。二回目の二〇〇四年は、飯島勲首席秘書官の主導で、朝鮮総連のルートで行われたといわれます。この二回目の訪朝について、最初の訪朝を演出した田中均アジア大洋州局長が、小泉総理に「これは二元外交ですよ」と言ったという。これに対して、小泉総理は色をなして怒って、「総理である自分が差配をして外交を束ねている。そのどこが二元外交なんだ」と言った。この反論には非常に鋭いものがあって、それは佐藤さんの「二元外交の全てが悪いわけではない」という説を見事に裏づけています。

佐藤　私は二元外交であっても、官邸だけでなく外務省も知っているべきだと思います。元外務官僚なので、私の方が小泉さんより基準が外務省寄りなのかもしれません。ただそれはそれとして、基本的には官邸が全体を押さえておけばいいわけです。そのときのシンボルになるのは何か。これが実は「総理大臣の親書」なんです。親書を携行しているか否かということが、一元的な形の外交であるかどうかの決め手になる。私自身の経験からいいますと、二〇〇〇年の十二月二十五日にモスクワに鈴木宗男さんが渡って、それでセルゲイ・イワノフさんという当時の安全保障会議の事務局長、プーチンの側近で今の大統領府長官と会談しました。

手嶋　通称、安保補佐官と言われていたキー・パーソンですね。

佐藤　そのときも一部のメディアは「二元外交だ」と批判的に書いたんです。外務省のロシア課長が知らなかった。しかしそれは、課長レベルには伝える必要はないという、外務省上層部の判断だったんです。だからロシア課長は「二元外交だ」と騒いだんですけれども、それは当たらない。ロシア課長の上司である欧州局長は知っているし、なおかつ親書を携えているのですから。総理の親書を持った二元外交なんていうのはありませんよ。

手嶋　ということになると、鳩山元総理のイラン訪問では、野田総理の親書を携えていったかどうかがポイントになりますね。持ってはいない。それどころか、総理はむしろ訪問自体に反対だったと言っていいですね。

佐藤　親書は持っていきませんでした。野田総理は、慎重に行動してもらいたいと、電話して再考を促した。

手嶋　外務大臣も外務省も反対した。

佐藤　つまり、手綱はどこにもないんですよ。これこそ絵にかいたような二元外交なのです。

手嶋　ここが核心部分ですね。二元外交批判というものには、玉と石が混交している。注意をしなければいけない。佐藤ラスプーチンが現役時代にやったような、先方の懐の非常に深いところに情報源を持ち、それによって鈴木宗男さんを押し立てて繰り広げられた外交には、総理とか外務大臣とか外務次官しか知らないものがあるわけですね。外務省の通常の官僚機構は関与していないが、国家の大もとでは束ねられている。

佐藤　若泉敬さんがやった沖縄返還に関わる極秘交渉なんていうのは、そういうタイプのものですよね。

手嶋　有事の核持ち込みの密約交渉を知っていたのは、たった四人。米側はニクソンとキッシンジャー。日本側は佐藤栄作と若泉敬。

佐藤　しかも若泉敬さんは、まったくの民間人なんです。

手嶋　ここでも総理の親書が登場します。ところが沖縄の密約交渉でも、佐藤ラスプーチン外交でも、二元外交批判というのが出るんですよ。担当の課長とか、そういった人たちの気持ちはわかりますが。彼らの論理は「外交は外務省、とりわけ主管局が一元的に行うべきだ」というものです。これは官製のフィクションとしか言いようがありません。

佐藤　だから、単純な二元外交批判というのは、結果として官僚支配を強化して、それで外交の硬直化を招くことにつながる恐れがあるわけです。「よい二元外交」と「悪い二元外交」をちゃんと区別しないといけない。

手嶋　作家の開高健が言っているのですが、不良少年にも、よい不良少年と悪い不良少年がいる。よい不良少年は、社会や親が悪いのでこうなったとは決して言わない。ところが、悪い不良少年は、社会や親のせいにする。外務官僚が自らの権益を守るためにする二元外交批判にメディアは易々《やすやす》と乗せられてはいけません。

鳩山外交の罪と罰

手嶋　鳩山さんのケースに即して、悪い二元外交とは何であるのかを論じてみましょう。

佐藤　鳩山さんの行動は、まあ国家にとっては不幸なことなんですけれども、インテリジェンスを論じる我々にとって、非常に幸せなことでもありました。本書の読者もこれほどの素材に巡り合ったことは幸運です（笑）。教科書に載せたいような悪い二元外交って、歴史ではめったに起きないですから。

手嶋　将来、教科書に悪い例として載せられることを意識してやっているんじゃないかと疑いたくなるほどです（笑）。

佐藤　そう、悪い二元外交とは何か、これを学ぶには、鳩山イラン訪問を振り返れば論より証拠、すべてが分かる。

手嶋　なぜ二元外交が悪いのか。それは相手側の眼で見ればいいのです。悪い二元外交の最大の問題点は、交渉の相手国が日本を容易《たやす》く操れる、その一点に尽きます。

佐藤　これが鳩山さんのケースでは、ものの見事にあらわれました。「イラン訪問は成功だった」と鳩山さんは言っています。鳩山さんに同行した大野元裕参議院議員もそう言っている。ちなみに、私は大野議員の責任は非常に大きいと思うんですね。中東の専門家だから。しかも、ただの中東の専門家じゃない。専門調査員として外務省から給料をもらっていた。外務省の仕事を五カ所でやっていますから。通算すると十年以上になっているはずです。十年間の外交官経験を持っていると、これはもうプロフェッショナルですからね。専門家には専門家の職業的な良心と責任があるはずです。法学部の四年生が万引きをするのと、同じ年の普通のお兄ちゃんが万引きをするのでは、罪が全然違いますからね。法学部で、特にゼミが刑法だとかいってるのに万引きなんかしたら、罪は重くなるんです。

手嶋　イラン側の外交の手口を分かっているはずなのに、悪い二元外交に手を貸した罪は限りなく重いと言わざるをえない。

佐藤　今回の鳩山外交に関して成功とか失敗とかいろいろ言うのですけれども、外交のプロの観点に立つと、「評価不能」というのが最も正しい。論外と言うべきかもしれない。そもそも、評価というのは何でしょうか。それを行うためには、まず目標を設定しなきゃいけない。その目標がどれぐらい到達されたか。これが評価なんですね。それをやる主体というのは、外交に関わる問題ですから、まさに国家なんです。しかし、日本政府はこれにコミットメントしていないという。何の目標も設定されてはいません。

手嶋　これでは客観的な評価は下しようがないですね。

佐藤　その通りです。ただし、当の本人たちは、自己評価らしきことも口にしています。大野さんというひとは、どうやら情報公開に非常に積極的な方らしく、外交の世界の常識では考えられないことをしている。イランに行く前に、自らのホームページで、今回の獲得目標は何かを全て提示している。「イランに対して厳しいことも言う」とあらかじめ言っているわけですよ。これは本来、外務省の基準では「極秘限定配布」のことがらです。外交機密と言ってよい。交渉の相手国に自らの手の内をすべて丸裸にした形で行く「外交」を、初めて目の当たりにしました。そして帰国後の発言には、もっとびっくりした。イラン側がＩＡＥＡ・国際原子力機関に関する鳩山さんの発言を取り上げたのに対して、記者会見の席で「悪用されることは覚悟の上で行った」と発言しているんです。日本国の総理経験者で、与党の最高顧問を連れていくのに、相手に悪用されることをあらかじめ知っていて、それで構わないという認識をしていたというんですからね。こんな発言を外務省に少なくとも十年いた人から聞くとは夢にも思いませんでしたよ。

手嶋　したがって、今回の鳩山さんのイラン行きを評するとすれば「べらぼうな訪問」とでも言うほかありません。

佐藤　まさしく規格外である。同時に、この鳩山さんたちの自己評価というのは、非常に危険だと思いますね。日中戦争のときの日本軍ですよ。誰にも諮《はか》らないで勝手な作戦課題を立てて戦闘する。自ら行った戦闘に対して、自らが評価する。そうすると、大成功か成功かのいずれかにしかならないわけです。この大成功と成功を、帝国陸軍が中国で何度も続けた結果、日本は壊滅しました。鳩山さんは、今度はパレスチナに行くと言っていますから、これまた成功、成功、前進、前進、また前進。日本は崩壊する可能性があるんですよ、こういうことを続けられると。

手嶋　そういう意味では、ノモンハン事件の辻政信参謀を思わせます。現代日本外交に忽然《こつぜん》としてあらわれた辻政信みたいな、べらぼうな人だなあ。

佐藤　まさに辻政信のインパール作戦ですよ。やらないでもいい作戦を実行することによって、死屍累々となった。そんな戦史になぞらえられるような、失敗の典型として、大変に価値のある「研究材料」ですね。小さな秘密も守れない、自己抑制ができない、夜郎自大の評価。ありとあらゆる失策が凝縮されている。

手嶋　ただし、この規格外のべらぼう外交と日本陸軍の辻政信以来のインパール作戦との違いを言えば、まだしも当時の日本陸軍には、彼らなりの大きなインタレストはあった。それは結果的には誤っていたのですが、一応は国益に通じ、天皇の大権に沿うものと信じていた。しかし、今回はそういうものがあるのかさえ疑問です。

佐藤　ええ、ありません。

手嶋　にもかかわらず、冒頭で指摘したように、カメラからは身を隠しているものの、脇に駒野特命全権大使もいる、ペルシャ語専門の大使館員もいる、東京の外務省に公電も打たれている。そして政府は「自分たちは関係ない」と弁解している。政権党である民主党は、イラン訪問後も鳩山さんを党の外交担当最高顧問の地位から解任もしなかった。国家の基本が崩れてきている証左でしょう。

佐藤　もっとも、鳩山さん自身が民主党の内紛に関連して、二〇一二年六月に外交担当最高顧問を辞任したので、日本外交への悪影響に歯止めがかかりました。

熟練のプロの手に落ちた鳩山

手嶋　ふだんは異なる論調を掲げる大手新聞三社が揃って批判する、特異な外交を敢えて強行したのはなぜなのか？　主要国のインテリジェンス組織が、鳩山外交にいつにない関心を示しています。イランが東京に張り巡らしているインテリジェンス能力がかなりのレベルだと見立てて分析しています。

佐藤　鳩山さんと大野さんには、完全に粉がかかっていますよね、あちこちから。

手嶋　ほう、最初から剛速球がきましたね。その根拠は？

佐藤　まず着目すべきは、鳩山さん一行のイラン訪問に当たっての「便宜供与」の異常さです。議員などが外遊する際の外務省の便宜供与には、いろんなランクがあります。

総理経験者はＡＡなんです。ところが、今回どういう便宜供与の依頼が外務省に出されたか、チェックしてみました。すると、極めて不思議なんですよ。成田―ドバイ間の通関支援という依頼だけでした。

手嶋　肝心のイラン国内については、便宜供与はいらないというのですね。

佐藤　そう。彼らは、成田からドバイを経由してテヘランに行ったのですが、ドバイからテヘランに乗りかえる飛行機のところで荷物が出てきて、テヘラン行きの飛行機に乗せる。そのときに税関がスムーズにいくよう支援してくれ。それしか外務省に便宜供与を依頼していないのです。通常こういう便宜供与の依頼は、まず先方の政府・議会関係者などとの会見のアポイントの取りつけ。これは、後ろで独自ルートでやっていても、正式な外交ルートで頼んでおくものです。これは「二元外交をやっていませんよ」という外務省への意思表示なのです。それから通訳の便宜供与。大使館は通訳を提供することで会談の内容を把握でき、公電で本省に正式に報告できる。この公電には暗号を使うことになる。三番目は適当館員による任国情勢のブリーフィング（説明）をしてもらう。総理大臣経験者の訪問ならば、通常、大使がブリーフィングをします。

手嶋　確かに総理経験者は、重要会談の前に、必ずと言っていいほど、現地の大使から情勢のブリーフィングを受けますね。

佐藤　これをやることはすごく重要なんです。現地の大使館が責任を持って、その国の情勢をどうとらえるべきか、最新の状況について説明するわけです。これだけは決して口にしないほうがいいといった助言をすることもある。それからホテルの確保、車の手配ですね。こういったことは、全部大使館に頼むことが必要なわけですよ。それが一切ない、必要ないというのは、イラン側の丸抱えだったからということになる。費用の負担も含めてイラン側がかなり受けもっていた可能性があるのです。現に大野参議院議員は自身のホテル代をイラン側に負担してもらったと認めています。

手嶋　ほう、イラン側に滞在費を負担してもらったと認めているんですか。ということは、先方のインテリジェンスの影響下に入っているわけですから、日本の国会議員としては危うい一線を超えてしまっています。

佐藤　完全に向こう側の懐に入った形での訪問ですね。イランのような国に対して西側、少なくとも米国の同盟国の首相経験者がそういう形で入っていくというのは、これも極めて異例です。

手嶋　カーター大統領の北朝鮮訪問は、アメリカのクリントン政権とは、一線を画して行われましたが、その場合も、ちゃんと国務省の官僚が背後から支えていました。

佐藤　そう、国務省、さらにはＣＩＡの支援も受けているわけですからね。

手嶋　そこでは、カーター元大統領と国務省の間で、きちんとした役割分担があるんです。したがって、北朝鮮側との会談に国務省の関係者がたとえ同席していなくても、カーターさんの側で国務省の担当官にデブリーフィング（再説明）、つまり会談でのやりとりをメモに基づいてきちんと伝えるのです。ピョンヤンで出来なければ、北京や東京でデブリーフィングをしています。鳩山さん一行は、二元外交をした際のあるべき手順を踏んでいない。

佐藤　孫崎享元駐イラン大使は、ある週刊誌で「大いにやるべきだが、脇が甘い。こういうことをやるんなら、相手からの攻撃も考えるべきだ」といった発言をしています。それから、天木直人元駐レバノン大使が「同行記者団を連れて行くべきだった」と言っています。確かに声をかければ、メディアは情報性があるから来ますよ。同行記者がいると、いつも一緒に動きますから、舞台裏が全部見えるんです。しかし、先方はそうならないように巧みに仕込んでいる。この辺からしても、私は非常にプロフェッショナルな手を感じますね。舞台裏が完全にブラックボックスの訪問です。

手嶋　あの絶妙なタイミングで、国際社会のイラン包囲網の弱い脇腹である日本を狙い撃ちし、とりわけ脆弱《ぜいじゃく》なところを見定めて、一点突破のように東京から「玉」を連れ去っていった。見事な手並みです。なまなかなマシーンでできる技じゃありません。

佐藤　そのとおりですね。相当熟練したプロの手が、これ以上ないタイミングで動いた。

操られた鳩山発言

佐藤　鳩山さんとしては、おそらく本気で世界平和に貢献するんだと意気込んで出かけたのでしょう。いまイランが置かれている状況を考えれば、義憤に駆られたのかもしれません。イスラエルはＮＰＴ・核不拡散条約に加盟していない。したがってＩＡＥＡの査察を受ける義務がない。ＩＡＥＡにしたって、他の疑惑のある国に比べて、イランに対してだけ、より厳しい対応をしているのはおかしいじゃないかと。これはダブルスタンダードだと。これこそまさにイラン政府がずっと言い続けてきたことなんですね。

手嶋　イラン政府の他には、こんな主張をしているものはいない。まさしくイラン政府が最も言って欲しかった論議でした。イラン大統領府の公式発表によると、鳩山さんがアフマディネジャド大統領との会談でそのように発言したという。

佐藤　最初、イラン国営ラジオのホームページに、問題の鳩山発言が出たんです。その日本語の文章には「かぎ括弧」がついていて、私も引用して書きました。鳩山さんが、それを「完全な捏造《ねつぞう》である」と否定した後、イラン側は撤回したのですが、朝日新聞の照会に対しても、読売新聞の照会に対しても、発言そのものは事実だと言っている。発言は事実だが、イランの友人たる鳩山さんの事情にかんがみて、削除したのだと。

手嶋　両者の間柄の緊密さを窺わせますね（笑）。

佐藤　イラン大統領府は「言ったのは事実です」と述べているし、さきほどのイラン国営ラジオでは、かぎ括弧が取れているだけで、発言そのものは残っているのです。日本語にすると、「との趣旨のことを言った」という形で。

手嶋　状況からして、明らかに言っているわけですね。

佐藤　詰めないといけないのは、「ダブルスタンダード」という言葉を使ったかどうか。そこがやはり一つのポイントになると思うのです。ただ問題発言を行った責めは免れないですよ。「NPTが不公平だ」と言ったことは認めている。鳩山さんの会見やブログ、大野さんのブログの中身から判断すると、「NPTが不公平だということは言ったが、

IAEAがダブルスタンダードだとか不公平とは言っていない」ということのようです。しかしこれは、屁理屈にもなりません。どうしてか？　NPT体制とIAEAの査察は表と裏だからです。NPTに加盟するならばIAEAの査察を受けないといけない。ですから、「NPTが不公平、ダブルスタンダードだ」というのは、「IAEAがダブルスタンダードで不公平だ」ということと同義です。

手嶋　そういうことになりますね。日本もかつて佐藤内閣のときに、NPTへの加盟をめぐって保守派の間で激しい議論がありました。当時の自由民主党内には、「NPTは、戦勝国にして核保有国が核を独占する不公正な体制だ」という意見が根強かった。しかし、敗戦国の哀しさです。NPT体制に加盟しなければ、原子力発電にも乗り出すことが叶《かな》わなかった。そのため、NPT条約に加盟してIAEAの査察を受け入れることにしたのでした。当時の保守派の議論には、一種の無念さが滲《にじ》んでいますが、IAEAの査察はダブルスタンダードだとまでは言っていません。

佐藤　いまもそう言っている国はイラン以外にはないですし、恐らくその認識を持っていると想定される国があるとしたら、朝鮮民主主義人民共和国（北朝鮮）ぐらいでしょうね（笑）。

手嶋　だから、やっぱりとてつもない発言なんですよ。

佐藤　そういう発言をする人を与党の最高幹部に戴く日本。そんな規格外の政治家が、世界に向けてとてつもないメッセージを発信してしまったのです。

イランが狙い撃ちした鳩山家のDNA

手嶋　東京は隠れたインテリジェンス都市だといわれますが、その規格外の政治家を現実の外交の道具としてテヘランに連れていき、イランにとって好都合な発言をさせる、実に巧みな力が働いたことになります。

佐藤　爆弾発言を引き出し、なおかつ本人には成功したと確信させているわけですね。いま手嶋さんから、かつて日本が苦渋の選択でNPTを受け入れたという指摘がありました。敗戦国にとって、その苦渋の選択にこそ、戦勝国アメリカに対する複雑な思いが込められています。今回のイラン訪問にも鳩山さんの三代にわたる政治家としての系譜が影を落としているように思います。

手嶋　祖父の鳩山一郎さんは、占領軍に公職追放された人ですし、自主武装論者でした。

佐藤　鳩山一郎は、戦前、日本の軍国主義化に加担したという理由で公職追放になった。本来総理になるはずだったのが、直前になってそれを阻まれたわけです。保守合同後にようやく総理の座に就いて、一種の地政学外交を考えて、東側陣営との関係改善を目指してソ連との国交回復を行った。しかしそれが正当な評価を受けることなく政権も倒れてしまった。

手嶋　そこには日本の主権を縛っておきたいというアメリカの意図が見え隠れしていたと鳩山ファミリーは受け取っているのでしょう。

佐藤　鳩山由紀夫さん自身も自主国防論者です。ですから米海兵隊の普天間基地の県外移設はできると比較的軽く考えた。過去の経緯などをあまり踏まえずにそう考えたんですね。移設後は自衛隊を増強すれば、抑止力は担保できると。そこのところを機械的に認識していた。しかし、それが結局は潰された。邪魔立てしたのは、アメリカとそれにつながる外務官僚や防衛官僚たちだという心理を当然ながら抱きます。普天間基地の移設問題は、鳩山ファミリーのアメリカに対する複雑な思いを明るみに出したんです。またアメリカの言いなりになるのか――と。イラン側が組み立てたのは、そんな思いを強くしていた鳩山さん、さらには鳩山家のＤＮＡを標的にした見事な心理作戦だったのではないでしょうか。そこに弱いエリアがあると見つけたイランのインテリジェンスの「勝利」だと、僕は思うのですよ。

手嶋　東京にいるインテリジェンス・オブザーバーは「天才的といっていい切れ味だ」と称賛しています。これほど見事な手並みには、そうそう滅多にお目にかかれるものではないですから。

佐藤「私が総理をやめた後にいろんな方からお手紙をいただいた。なかでもイランのアフマディネジャド大統領の親書には心を動かされました」と、鳩山さんは会見ではっきり言っている。イランは親書外交をも最大限に活用している。事ほど左様に、イランは四面楚歌の世界で生き残るために、インテリジェンス能力を一段と高めているんですよ。

手嶋　日本のことをひと通り勉強している程度では、日本の保守陣営のなかにある二つの異なる潮流のひとつに政治工作を仕掛けることなど思いつかないでしょう。鳩山ファミリーは、吉田、池田、宮沢といった軽武装・経済重視、対米同盟重視路線とは異なる系譜に属している。そう、国家主権の一部を制限してまで、アメリカ軍の駐留を受け入れる日米同盟派とは一線を画した、もう一つの潮流に鳩山ファミリーが属している。それは一種の自主外交であり、対米自立にうっすらと傾いている。

佐藤 普天間基地の移転問題に関して、鳩山さんが県外だと言ったことを、なぜアメリカがあれだけ妨害してきたか。ジャパンハンドラーたちが妨害してきたのは間違いないのだけど、その理由は、実は鳩山さん自身の側にあると思うのです。例の「東アジア共同体」構想ですよ。「東アジア共同体」ということを総理就任早々に口にしなければ、アメリカに「俺抜きで何かをやるんだな」といった不信感を抱かせなかったはずです。普天間問題に関してもう少し合理的な話し合いができたと思うのです。

手嶋 アメリカとの軋轢《あつれき》の始まりは「東アジア共同体」構想にあり。その見立ては鋭いですね。民主党政権の誕生後、鳩山さんはすぐにニューヨークの国連総会にでかけて行きました。まず国連を舞台としたロビー外交を繰り広げます。中国の胡錦濤国家主席と会談し、「東アジア共同体」構想を持ちかけているのです。一方、その後行われたオバマ大統領との日米首脳会談の席では、この「東アジア共同体」について一言も触れていない。これではアメリカ側が疑念を抱くのも頷けます。

佐藤 アメリカには、かなり時間がたってから伝えていますからね。要するに日米同盟の基本の上に立って中国をどうするのかというベクトルではなくて、中国との関係を整理して東アジアの共同体をつくる。その上で、日本、中国、アメリカの正三角形をつくろうという構想です。それじゃ、正三角形じゃなくて、二等辺三角形じゃないかという批判も聞かれました。三者のうちで距離が近いのは、日中のほうじゃないかと。明らかに彼の初動の振る舞いは、そう受け取られても仕方のないものでした。

手嶋　実はこのときの中国側の反応が、なかなか面白いのです。「東アジア共同体」構想にアメリカが怒り、強い違和感を表明したのは理解できます。他方、中国にとっては、扱いを間違えるわけにはいかない難物です。この鳩山構想に賛成してしまえば、鳩山政権は喜ぶでしょうが、アメリカは強く反発するに違いないと読んだのです。しかも、日本主導の「東アジア共同体」構想は、その内実があきらかではない。そこで「沈黙は金」でいくことにした。もし賛意を表明するにしても、日米の間柄に楔《くさび》を打ち込む決定的なタイミングを見計らってと考えた節が窺えます。中国外交の懐の深さを窺わせる老練な対応というべきでしょう。

佐藤　北京はなかなかにしたたかですよね。

手嶋　全く胸の内を読ませていない。そして、アメリカに対する重要なカードとして温存しておこうとした。中国は易々と乗らないと見せかけて、ワシントンの気を引いてみせる。日・米・中の関係では、キャスティングボートを握っているのは中国だと内外に印象付けた一幕でした。

佐藤　今回のイランも、鳩山さんという政治家の心理的な状況を正確に分析して、「これが正義なのだ」と本人に確信を持たせ、イランに有利な言質《げんち》を引き出した。その意味においては、一九三〇年代のソ連による対日諜報活動「ゾルゲ工作」に似ていますよね。日本ははたして南進か、それともソ連と対決する北進かという状況のもとで、ゾルゲは協力者の尾崎秀実《ほつみ》を通じて南進決定の極秘情報をいち早くつかんだ。ゾルゲも尾崎秀実も別にソ連から金をもらっていたわけではなく、信念による行動。でも信念に基づく協力者というのは、一番強いんですよ。まあそれが尾崎秀実という近衛首相のブレーン程度だったから、あのくらいで済んだのだけれど、鳩山さんは、首相経験者にして現職の与党最高顧問、かつ外交担当だったわけですからね。

インテリジェンス大国イラン

手嶋　たとえ鳩山さんがイランにとってどんなにいい玉だったにしても、その心情に訴えかけて取り込む技があるかどうかは別問題です。そこをやり抜いたイランのインテリジェンスは、やはり驚嘆すべきものがあります。

佐藤　そのあたりは東京のインテリジェンス・コミュニティでも、あるいは各国のヘッドクォーターも、切れ味鋭い手法をちゃんと見ているはずですよ。ヘッドクォーターというのは、アメリカ流の言い方です。ロシア流にいえばセンターです。モスクワ・センターは、主要都市の動向に眼を光らせている。ですから、鳩山さんのテヘラン行きは、各国のインテリジェンス機関が実習で使う生きた教材になっているはずですよ、これは。

手嶋　いったいイランのインテリジェンスはいま、この東京でどういうふうにしてネットワークを築きあげ、動かしているのでしょう。どんな仕掛けで鳩山さんを絡めとったのか。影のように動いているのはわかるのですが。

佐藤　それはきょう現在も、よくわからない。

手嶋　佐藤ラスプーチンの触角をもってしても、全貌はわからない。では質問を変えましょう。どういう仕組みになっていると推測しますか。

佐藤　まず、偶然の機会。さきほどの大統領からの親書もそうですけれども、ありとあらゆる機会にテヘランへの「招待状」を送り、いわば〝撒き餌〟をする。これは何も鳩山さんに限らず、利用できそうな人物のところには秋波を送る。平沢勝栄さんが、「首相、外相の経験者の多くに招待状が届いていた」と言っている。イランは、撒き餌をやって、そこに飛びついて来る人を待つ。ふつうインテリジェンスの世界では「飛び込み」というのは使わないんですよ。ダブル・エージェントが紛れこむ危険がありますから。しかしそのなかにはいいものが混じっていることもある。それをキャッチして、そこから育成していく。こういう方法ですよね。

手嶋　この「飛び込み」の例としては、冷戦の時代、モスクワのアメリカ大使館にものすごくいい情報を咥《くわ》えて、たれこんでくる輩《やから》がいた。ただ、いかにも怪しいですね。インテリジェンスの世界では、通常そういうのには乗らないわけです。

佐藤　情報が良ければ良いほど、後ろで何かが仕掛けられている可能性がある。あるいはスモーク（操作）されている可能性がありますからね。まあいずれにしても、鳩山さんに対するイランの工作に関しては、それ以上のことは分からない。ただしすごいと思ったのは、直前まで秘匿した能力ですね。通常は、もう少し動きが見えるものなんです。

手嶋　鳩山さんがイランに発つ三日前のことですね。ところが二〇一二年四月三日の夜――。

佐藤　首相官邸に突然情報が飛び込んできます。私は四日の朝、首相官邸筋から知りました。四日の午後、外務省に正式に便宜供与の依頼があって、六日には出発しています。見事なお膳立てですね。

手嶋　事前に情報が漏れれば、イスラエルが動き出しそうなものです。東京や、ピョンヤンの情勢については、つぶさにウオッチし、時に適確に手を打っているのですから。それにしても、不思議なのは、イスラエルは不気味なほど沈黙を守り続けている。これはどう考えるべきなんでしょうか。

佐藤　イスラエルの友人からは電話がかかってきましたよ。でも、それはしばらくたってからです。つまり、当初は沈黙を守った。事態が極めて深刻だからそうなったのですよ。

手嶋　その筋から電話があったのは、「ダブルスタンダード発言」の後ですね。

佐藤　そうです。鳩山さんが日本に帰ってきて、いろいろなことが表に出た後。四月十日の玄葉・クリントン会談が終わった、数時間後なんですよ。

手嶋　ワシントンで開かれたG８外相会議を機に日米外相会談が行われました。

佐藤　そこで日米外相のサシの会談が終わった後、イスラエルはこの会談を踏まえた上でメッセージを伝えてきたんです。日本の警備公安警察だって、話を聞きに来ているうちは、大丈夫なんですよ。話を聞きに来なくなると、これは完全に監視対象になったということ。同じようにイスラエルがこの問題に触らないというのは、ちゃんとヘッドクォーターからの指示があってのことです。この問題に関して何が知りたいのか。イスラエル側の関心が相手に知られないよう情報を集めろ。そういう非常に高度な防衛をしながら情報収集をやっているということでしょう。

手嶋 うーん、相当にディープな話ですね。イスラエルが、鳩山問題を重要かつ深刻に受け取っていることが伝わってきます。それでテルアビブのお友だちは、国際電話で何と言ってきましたか？

佐藤 「イランは非常によく仕事をしている」と言っていますね。二回目の電話では「アメリカとの問題が終わってない」と。そういうメッセージでしたね、この問題はアメリカとの関係でクローズされてない、だから依然注意した方がいいと。ちなみにアメリカは、鳩山さんのイラン訪問予定が報道されたその日のうちに、ルース駐日大使が野田総理に電話しているわけです。「イランに行くのは、鳩山さんのためによくないと思う」と。これは外交でかけられる最大限の圧力です。それを無視して行ったわけですから、これは大変なことですよ。

手嶋　アメリカ政府の困惑と怒りは想像がつきます。

佐藤　結局のところ、総理以下だれもこの突出した人を止めることができなかった。止めるのには、ものすごい力が必要だった。民主党政権の意向を無視したという批判に対して、鳩山さんは会見で「二カ月前に野田総理に話しておいた」と釈明しました。でもそれは、「イラン問題で何かやりたいと思っています」という程度の立ち話でしょう。野田総理だって、まさかあのタイミングで出かけていくとは思ってもみない。だから「ああ、いいですね」と社交辞令で答えた。それをガチッと了承をもらったというのですから。そんなのは、出したラブレターに対して「あなたとはいいお友達でいたいと思うの」と口頭で軽く返答されたのを捉えて、「おれと付き合ってくれると約束した。いい友達でいたいと言ったじゃないか」と強弁するたぐいでしょう。まるでこれはストーカーの論理ですよ。どこからどう見ても規格外の政治家ですよね、本当に。

一歩間違えば、日本発金融恐慌

手嶋　さてここで、鳩山さんのテヘラン訪問にいたる、イランの核開発疑惑について検証しておきましょう。アメリカ政府はイランが核の保有に突き進むのを阻止するため、その糧道を断とうと、イラン産原油の輸入差し止めを関係各国に働きかけました。主な対象は中国、ＥＵ、日本、韓国です。ウラン濃縮能力の増強を止めるには資金源を断つにしくはないという訳です。アメリカ政府は、イラン関連の金融制裁法をテコに日本政府にも圧力をかけてきました。これに対する日本の外交をどう評価しますか。

佐藤　まず誉められるところから。二〇一二年一月にアメリカのティモシー・ガイトナー財務長官が来日しました。この対応は手堅いものでした。

手嶋　ガイトナー財務長官は安住淳財務大臣（当時）と会談した。そして日本側はイラン産原油の輸入を漸次《ぜんじ》減らし、アメリカのイラン制裁に協力すると約束しました。

佐藤　同時に安住財務大臣は「イランの核開発がいかに危険で深刻なものか、その懸念をアメリカと共有している」とはっきりと言い切りました。極めて正しい対応でした。

彼に対してはいろんな毀誉褒貶《きよほうへん》はあるんだけれども、やはり記者だったということが大きいと思う。記者だったから、新聞を読めば何が起きているのか、物事の本質は少なくともわかっている。役所の縄張り意識云々とは別に、日本はいま、きちんとした態度を表明しなければ大変なことになるという正しい危機感を持ったんですね。同時に、僕は財務官僚もよく頑張ったと思っている。金融の専門家たちの話をしっかり聞いたのだと思います。

手嶋　アメリカが二〇一一年末に上下両院の協議を経て可決した金融制裁法は、イラン中央銀行との取引をやめない外国の金融機関は、アメリカの域内での金融活動から締め出すというものでした。財務省は、とりわけ三井住友銀行と三菱東京ＵＦＪ銀行から、アメリカでの制裁が本当に実施されれば、日本のメガバンクにとっては、死刑の執行に等しいことを理解したのでしょう。

佐藤　特に壊滅的な影響を受けるのは三菱東京ＵＦＪ銀行ですよ。あそこは原油の決済でイラン中銀との関係が深いんです。日本のメガバンクがアメリカ国内の金融取引から締め出されれば、日本発の金融恐慌になってしまう。

手嶋　それはアメリカ側もよく承知しています。だから、イラン産原油の輸入を徐々に減らしていけば、日本には制裁の適用を免除することになっていました。この局面でアメリカ政府と事を構えることなどあり得ない。そのことにいち早く気づいていたのは、財務省の勝栄二郎事務次官です。

佐藤　勝さんは優れています。

手嶋　そうですね。情勢を精緻に読んでいる。

佐藤　実はガイトナーとの会談の前に、そうした事情を踏まえて、首相官邸が方針を決めているんです。イランに関しては方向を転換して、厳しく対応しないといけないと。結果から言えば、日本がイラン産原油の輸入を減らすことで、日本の銀行はＥＵ諸国などとともに金融制裁の適用外とされたわけです。

手嶋　ただし、この安住・ガイトナー会談の直後に、玄葉光一郎外務大臣が、「あれは安住大臣の個人的な見解だ」と問題発言をしました。

佐藤　そうなんです。それから野田総理も同じく、「安住大臣の個人的な見解」と。ただ、総理の発言をよく聞くと、内容は全部安住さん寄りなのですね。「これから正式に詰めていかないといけないので、今の時点では個人的な見解だ」というスタンスでした。やはり総理は「和の人」なんでしょうね、中を取っちゃった。でも、本質は分かっている。まったく分かっていないのが玄葉さんでした。

手嶋　ですから鳩山さんのイラン訪問の件で、後でとやかく言える資格はありません。

佐藤　そう、鳩山さんも、玄葉さんの場合も本質は同じで、要は基礎体力の問題なんです。このねじれのフォローアップに努めたのは、案外知られていないんですけれども、鈴木宗男さんが代表を務める新党大地・真民主なんです。所属の浅野貴博衆議院議員が、この問題について、「日本政府の立場は、玄葉外相の言っていることなのか、安住財務相の言っていることなのか、どっちなんだ」と、両者の発言を全部引用して、質問主意書として出して質したんです。それに対して日本政府は、玄葉外相の発言を全部飛ばして、安住財務相の発言を全部生かす形で引用し、「これが日本の立場である」と閣議決定を経て回答したんです。玄葉外相は「クリントン国務長官は、私との会談で、『イランに対する制裁に関しては、アメリカも運用を慎重に行う』と言った」と会見で答えている。しかし、それも事実じゃない。クリントン長官がそんな発言をしたら、それこそイラン側に足元を見られてしまうじゃないですか。その部分の修正も、質問主意書に対する回答で、全部調整したわけなんです。鈴木宗男さんはイランに対する危機感は強いですからね。官邸と一種の連携があって、それで整理ができている。

手嶋　ワシントンの勤務が長かったので、時々誤解されるのですが、僕は「同盟国なんだからアメリカ側の言うことを唯々《いい》諾々《だくだく》と聞くべきだ」などと絶えて言ったことがありません。今回のイラン制裁の件も、日本の国益に照らして、アメリカの制裁に協力したほうがいいと論じてきました。

佐藤　日米同盟の運営は、自主的主体がなければできないんですからね。これがもう湾岸戦争のときからの手嶋さんの一貫した主張ですね。

手嶋　おっしゃるとおりです。イラン制裁の局面でいうと、三菱東京ＵＦＪ銀行や日本経済のことを考えれば、明らかに「他策ナカリシヲ信ゼムト欲ス」なんですね。アメリカに協力するなら速やかに表明し、イラン産原油の輸入を漸次減らしていく方策では日本に不利にならないように存分にアメリカ側とやりあえばいい。

ラスプーチン事件の陰にイランあり

佐藤　中東外交とりわけイラン外交について、トラックを二周近く遅れて走っているにもかかわらず、先頭を走っていると勘違いしているような人たちが日本にいるんですよ。

イランと日本は特殊な関係があるとね。中東に関しては特殊な外交的アセットがある。だからアメリカの言うことなんか聞かずに、独自外交をやってもいいのだと。

手嶋　そういう論者は、どこかで時間が停まってしまっています。

佐藤　その感覚で過去十年来、有害な発言を繰り返してきたのでしょう。一方、山内昌之先生は、イランに関する最新情報を踏まえてはっきりと物を言っています。しかし、テレビに出てくる中東専門家と称する人のなかには、第二次湾岸戦争（二〇〇三年三月に始まったイラク戦争）以前の認識で語っているケースが多い。イランとの関係においては、自民党政権が末期のときに、両国関係が急速に進んじゃったんです、残念ながら。小泉政権のときにね。実は、私の事件とも関係があるんです。

手嶋　思い起こせば、じつに不思議で不可解な事件でしたね。東京地検の特捜部が事件の筋書きを勝手に創りあげ、それに沿って次々に容疑者を逮捕して拘留し調書を取っていく。いったん起訴すれば有罪率は九九パーセントですから、怖れるものはない。検察・司法メディアも調書の通りに報じてくれる。あの事件は、ロシア情報の宝庫であるイスラエルに日本のロシア専門家を招いて会議を開いたのですが、その公費を佐藤優さんが勝手に支出したという容疑でした。

佐藤　ええ、正確で精緻な要約です。この起訴状の理論構成に重大な瑕疵《かし》があると、外交ジャーナリストの立場から公正に論じてくれたのは、手嶋さんたったひとりでした。当時は私と対立していたにもかかわらず。

手嶋　ジャーナリストとして当然のことです。条約や国際約束の有権解釈権は、当時の外務省の条約局にあった。条約局が検討して支出を決裁したのですから、起訴するなら当時の条約局長と条約課長です。外務省設置法を読めば自明なのですが、検察も裁判所もそして弁護士すら、この核心部分を意図的に読み落としている。言ってみれば、条約・協定の有権解釈権が一省庁にあることを認めたくないのでしょう。

佐藤　とにもかくにも、私は逮捕され、起訴されて、有罪になった。この事件のときに、「イスラエルの手先だ」とかいうような怪文書が大分出回ったんです。これは外務省の中に一種のねじれた嫌米感を持っているような連中がいて、鈴木宗男さんへの反発で噴出した。鈴木宗男さんは、イランのアザデガンのガス田の開発とか、外務省の一部の幹部がイランのイスラム革命防衛隊とインテリジェンス協力を始めちゃったのを、その政治力によって潰してきたんです。これは日本の国益に反するし、日米同盟がおかしなことになるからです。

手嶋　アザデガンのガス田の問題が持ち上がった時、僕はワシントンに在勤していましたが、アメリカ政府の意向は相当に強硬でした。トヨタ系列の商社がこのプロジェクトに絡んでいましたので、これを強行すれば、トヨタをアメリカ市場から締め出さざるをえなくなると示唆までして、差し止めたんですから。

佐藤　結局、鈴木宗男さんが失脚するまで、日本はアザデガンにはコミットしなかった。その理由は何か。あるとき鈴木宗男さんが執務室にいたんです。そうしたら、えらい細長い、長さ一メートル五〇センチぐらい、幅四〇センチぐらいの構造図が置かれていました。「これはノドン・ミサイルの構造図で、外務省と防衛省にチェックしてもらったんだ」と。そして、「実はこれがイランに渡っているという情報を得ている」と言うわけです。さらに「イランは、その弾道ミサイルの開発を、旧ソ連、ウクライナのミサイル技師を呼んで加速させ、弾頭に積める重さを増やすとともに、航続距離を伸ばしたという事実もつかんでいる」と。そうすると、日本がODAによる経済協力とか、アザデガンのガス田の開発に乗り出した場合、そこで浮かせた予算を弾道ミサイルの開発に使われてしまう可能性が高いわけですよ。

対イラン独自外交の幻想

手嶋　しかし、それでもなお、日本の対イラン独自外交に幻想を持つ人たちがいます。これはアメリカへの一種のコンプレックスの裏返しです。そこで、彼らが「二周遅れ」の幻想を抱いてしまった、湾岸戦争勃発前夜の日本・イラン関係を検証しておきたいと思います。

佐藤　ああ、『一九九一年　日本の敗北』（後に『外交敗戦』と改題、新潮文庫）の世界ですね。

手嶋　ええ、第一次湾岸戦争の勃発前夜のイランは、多国籍軍の盟主たるアメリカにとっては、まことに不気味な存在でした。イラン・イラク戦争で、サダム・フセインのイラクは仇敵でしたが、すでに戦いはやめていましたから、イランがはたしてどちらにつくのか。当時、僕はワシントンでホワイトハウスを担当していましたが、国家安全保障会議の空気が痛いほど伝わってきました。彼らはイラン情報に飢えていました。

佐藤　シャー追放のイラン革命でアメリカはイランと断交し、テヘラン情報は途絶えていましたからね。

手嶋　すでにジョージ・ブッシュ四十一代大統領は、クウェートを占領していたイラクのサダム・フセイン軍を駆逐するXデーを決めていました。戦争の足音は日ごとに高まっていました。こうしたなかでイラク空軍機が大編隊でイラン領空に姿を現わし、極秘裡にイラン空軍の格納庫に吸い込まれていったのです。巨大な崖の横っ腹に掘られた駐機場に姿を隠していきました。こうした超機密事項は、戦争後、何年か経ってようやく明らかになるのが常ですが、開戦前に、あろうことか、極東の日本がこのインテリジェンスを摑んだのでした。

佐藤　おそらく、第二次大戦の終結後、いくつかと言っていい、超ド級のインテリジェンスでしょう。それがイランから日本にもたらされた。

手嶋　これを捉えて、自主外交論者は、日本は偉大なり、と考えているようですが、この出来事を初めて報じた者として言わせてもらえば、内実はより陰影に富んでいます。この超ド級の情報は、在テヘラン日本大使館のペルシャ語の専門官たちのチームが入手した。もう見事としか言いようのない情報活動です。戦後日本の情報活動のハイエストポイントの一つと断じていいとおもいます。それは単にペルシャ語チームの健闘というだけでなく、斎藤邦彦大使に率いられたテヘランの大使館の力でしょう。

佐藤　それは間違いないですね。当時のイラン大使だった斎藤邦彦さんは、たいしたものなんですよ。情報の最前線できちんとした形でインテリジェンスの材料を集めてこられる人たちがいても、それを束ねて、マネージできる斎藤さんみたいな人がいないとあれほどの仕事はできなかったでしょうね。

手嶋　それを申し上げたうえで、なぜ大魚が網にかかったのか？

佐藤　視点を変えれば、当時のイラン政府は、なぜ度肝を抜くようなインテリジェンスを彼らに流してきたか？

手嶋　話は神経中枢に触れてきましたね（笑）。佐藤さんはいま、情報を摑んだと表現せずに、先方が「流した」と言った。これほどのインテリジェンスになると、「入手する」と「流す」の境目が、ますます曖昧になってくるのです。まさに表裏一体です。ジャーナリズムの世界に置き換えれば、「スクープする」というのと、「リークする」に対比できるでしょう。超一級の情報とはそういうものなのです。

佐藤　イラン側が「流した」という側面からみれば、何が起きたのか。

手嶋　グレアム・グリーンの名作『ヒューマン・ファクター』の世界ですね。真相は全て霧のなかに埋もれている。やや控えめに言って、イラン当局は、日本のペルシャ語チームにイラク軍機の飛来が伝わることを容認していました。それがイランの国益になるからです。この極秘情報は、東京を経由して、同盟国のアメリカ政府に急報されました。ブッシュ政権の国家安全保障担当大統領補佐官ブレント・スコウクロフト将軍から後に直接聞いたのですが、「テヘランのアンバサダー、クニヒコ・サイトウはわが多国籍軍の代表部だ」と言っていました。彼にそう言わしめるほどのインテリジェンスだったわけです。しかし、これはイラン当局の読み通りでもあった。イラン政府は、隣国イラクの空軍機を大規模な編隊ごと引き受けた。しかし、同時にイランは、来るべき湾岸戦争では、局外中立を守り抜く。このイラン側の意図については、先方の情報に含まれていたわけではない。斎藤電の分析がそうだったのです。

佐藤　そして、その分析は正鵠《せいこく》を射ていた。

手嶋　あのとき米国が欲しかった情報は、単なるイラク軍機の動向ではありませんでした。

佐藤　まさにそうで、イランの意図がわからなかったんですね。あの第一次湾岸戦争において、どっちの側に行くのか。日本のもたらした情報によって、明確な形で局外中立であるということがわかった。要するにイランは、オマーンと同じスタンスをとったわけです。これはイラン・イラク戦争のときもそうなんですが、一定の距離を置きながら事態を観察している。いずれにせよ、アメリカに自らの意思を伝えたい。当時のイランの目的は、日本やアメリカの国益にもかなうものだったわけです。

手嶋　ところが今回の鳩山訪問はちがう。言ってみれば、第二次大戦の前奏曲となったミュンヘン会談のときに、ヒトラー側をサポートしたのと一緒です。ヒトラーの意図は、いかにして世界を宥和策に向けていくかにありました。「戦争を回避せよ」と。「新しい領土要求はしないから、ズデーテンをドイツに渡せ」と。その要求を呑んだことが、ナチスの増長を招いたわけです。いまイランが言っていることも同じです。「戦争をとりあえず回避しろ」と。「そのためには、平和利用なのだから、われわれの核開発を認めろ」と。イランの核開発は、ズデーテンと同じなんです。鳩山さんは、そのイランの意図を世界に向かって代弁してしまったのです。

第４章　イランの核、北朝鮮の核

核開発、それぞれの狙い

手嶋　国際社会はいま、二つの核開発の危機に直面しています。北朝鮮の核とイランの核です。日本の人々は北朝鮮の動向に神経を尖《とが》らせています。そして同盟国たるアメリカも、北朝鮮の核に日本と同様の危機感を抱いていると考えがちです。しかし残念ながら、実際はそうではない。控えめに言っても、アメリカにとっては、北朝鮮の核の危機を一とすれば、イランの比重は十くらいでしょうか。

佐藤　いやもっと、一対三十～五十ぐらいじゃないかと、私は思っています。

手嶋　そうかもしれません。しかし、北の核同様、イランの核だってアメリカまでは飛んでこない。それなのに、どうしてこの差が出てくるか。それは同盟国との関係です。北朝鮮の前浜には日本。イランの前浜にはイスラエルが位置している。つまり、アメリカにとって、日本とイスラエルの比重は桁違いという事実がある。別の視点でいえば、政治都市ワシントンでの日本政府のロビー能力と、ＡＩＰＡＣ・アメリカ・イスラエル公共問題委員会を中核とするイスラエルのロビー能力との差なのです。

佐藤　それが一つの重要ファクター。いま一つの重要ファクターは、核武装の意図に関するものです。イランの核開発の目的は、イスラム原理主義革命の完遂にある。すなわちイスラエルをこの地図上から抹消するという宗教的な信念に基づいているわけです。北朝鮮の核開発の意図は、イランとは明らかに違う。彼らを美化するつもりはまったくないが、目的は明らかに防衛的です。

手嶋　日本では論じられることが少ない論点ですが、われわれがきちんと押さえておかなければならない重要な視点ですね。

佐藤　じつは、北朝鮮の意図は日本人が一番よく分かるはずなのです。一九四五年の一月から三月にタイムスリップして、当時の日本の状況を考えたらいいと思う。もうサイパンが落ちた、マリアナが落ちた。レイテも終わっている。マニラも落ちた。そんな状況で、アメリカに勝てると本気で思っていた日本人は誰もいない。しかし、いますぐ手を上げて降伏しようと思っていた人間もいない。そこで出てきたぎりぎりのせめぎ合いというのは、「国体がどうなるか」という話だった。国体護持です。そこさえ冒さなければ、苦渋の選択つまり降伏もやむなしと。

手嶋　北朝鮮の場合も、対外政策を考える基本は、金王朝の体制維持ということになりますね。

佐藤　まさに金王朝を保全することが北朝鮮にとっての「国体護持」なのです。それを認めないのであれば、どう跳ねるかわからない。逆にそれさえ保証してくれるなら、核を俎上《そじょう》にあげて話し合ってもいいということです。それだけに交渉次第では、北の核を無害化する糸口があり得るわけですよ。

手嶋　あくまでも自分の国の体制がどうなるかが彼らの関心事。北朝鮮が日本を抹殺すると言っているわけではない。そこは、イスラエルから見たイランとは根本的に違う。

佐藤　そう、イランの場合は、イスラエルの抹消は大統領の公約ですから。決してはったりじゃない。例えば「ホロコーストに関する国際会議」なんていうのを主催して、「ガス室はあったかもしれないし、なかったかもしれない。その両論を議論しよう」というようなことまで言っている。「いろんな議論はあるかもしれないが、イスラエルが地上からなくなるのは歴史の必然であり、全世界の人類が喜ぶ」と、そんなことを平気で言い放っている。

手嶋　北朝鮮とはやはり位相が違いますね。

佐藤　さらに付け加えていえば、イスラエルというのは、少なくともあの中東地域で、民主的な選挙によって国家の指導者が選ばれる稀有《けう》な政治体制の国です。言論、表現の基本的な自由が担保されている。なおかつ市場経済の原則を持っている。もしこのイスラエルという国がなくなった場合、中東全体のゲームのルールが、イランやシリアといった国、あるいはアルカイダなどのテロ組織で決まっていくわけですね。サウジアラビアの政権なんていうのも、強権体制にかけては相当なものです。そうすると、あのエネルギー供給の重要な地域が、世界共通の普遍的なゲームのルールとは違うところの、非常に極端なローカル・ルールに縛られることになる。神様の話まで入ってくるというルールになって、外交ゲーム、そしてエネルギー戦略ゲームがやりにくくてしようがなくなる。そうした過酷な環境を考えれば、イスラエルかイランか、なんていうチョイスなど、ありえない議論でしょう。それがなぜか一部の人たちには分からない。

手嶋　日本の人々がそうした苛烈な戦略環境を理解するには、想像力の羽根をもっと広げることが必要ですね。

佐藤　パレスチナに関してもそうなのです。イスラエルに「追われた」パレスチナがかわいそうだということだったら、同時にアッバス大統領に言わなければならないのは、「ハマスのテロを抑えなさい」という話ですよ。

北朝鮮・イランの密やかな絆

手嶋　アメリカはイランと北朝鮮の「二つの核」への対応に根本的なジレンマを抱えています。地下水脈で、北朝鮮からイランへ、北朝鮮からシリアへと、核関連の技術が輸出されている。つまり、アメリカが北朝鮮に宥和的対応をとることは、イランの核を完成に近づけてしまいかねません。その最もシンボリックな例が、北朝鮮に密かに滞在していたイランの専門家チーム。二〇一二年四月十三日、北朝鮮がミサイルを打ち上げた際、「シャハブ3」の開発チームがまぢかでミサイル発射の模様を見守っていたのです。

佐藤　これは新聞では産経新聞が大きく書いています。つまり産経は非常にいい情報源を持っているということでしょう。

手嶋　確かな筋からのリークなのでしょう。記事には曖昧なところがありません。相当な自信を持って書いている。情報源の信憑性に疑問があれば、こんな記事にはなりません。

佐藤　「絶対に騙《だま》さないよ」という信頼関係があるのでしょう。確かなインテリジェンス筋からの情報提供に違いありません。

手嶋　ただし、掲載の仕方も絶妙の場所でしたね。一面では扱っていない。

佐藤　常識的に考えると、一面トップですよね。

手嶋　ニュース・ヴァリューからいえば、そうでしょう。にもかかわらず、トップ扱いにはしなかった。利害関係筋をあまり刺激しないでおこうという意図が働いたのか。編集陣がニュースの軽重を読み間違えたのか。さてどちらでしょうか、興味深いケースだな。

佐藤　情報源とどこまで相談したかは別に、極度には目立たないように配慮しているのは事実ですね。最近、東京発の情報が軽んじられる傾向がありますが、本質的に東京は情報戦の主戦場なんですよ。今回、産経新聞が扱った情報は、本来なら内閣情報調査室とか外務省の国際情報統括室組織で「極秘」のスタンプが押され、「サード・パーティ・ルール」が厳しく適用されるような極上なインテリジェンスですよ。

手嶋　「サード・パーティ・ルール」に関しては、北朝鮮のミサイル発射のところで詳しく触れることにしましょう。

佐藤　仮に金で情報を取るとするならば、これは三千万円とか五千万円とか、そういうペーパーの内容ですよね。

手嶋　そういう極秘のケースでは、メディアを使って、世界に知らせるという手法が用いられることがあります。二〇〇七年九月に、イスラエルが、シリア国内にあった核兵器関連と見られる軍需工場を空爆して完膚なきまでに破壊した事件がまさにそう。イスラエルのＦ16戦闘機を中心にした編隊が超低空で侵入して空爆を敢行したのですが、爆撃されたシリアも、攻撃したイスラエルも、沈黙を守ったままでした。やった側も、やられた側も認めたくない。こうしたケースでは、メディアに少しずつ情報を漏らし、それとなく国際社会に知らせる手法がとられます。その陰にはロンドンとワシントンの影がちらついている。

佐藤　この核工場が北朝鮮からそっくり輸出されたものだったことには驚きましたね。

手嶋　シリア産のデュラム小麦の代金が核工場の代金にあてられたと言われています。アメリカもイスラエルも北朝鮮から中東への輸送船については、重大な関心を払っていますから、この疑惑の工場は、当初から厳重な監視下に置かれていました。その果てに、イスラエル政府は、アメリカ政府の制止を振り切って、空爆に踏み切ったのです。

佐藤　攻撃はヨルダンの領空を侵犯しないとやれません。イスラエル空軍の通常のラインに関与させない特殊オペレーションだった可能性があります。

手嶋　イスラエルのシリア空爆の際には、当時のコンドリーザ・ライス国務長官が制止しようとしました。これに対して、モサドの工作員が工場の作業服を着て現場に侵入し、スモーキングガン、動かぬ証拠を摑んで、ワシントンに提示したと言われています。

佐藤　イラク戦争のときは、ＣＩＡはイラクに大量破壊兵器があると勘違いした。情報評価についてＣＩＡ内部でも意見が割れましたが、結果としてＣＩＡは情報評価を間違えた。ただ、このシリアに関するモサド情報はそうじゃない。客観的な証拠を握っていました。

アサド政権が存続している理由

佐藤　ここでちょっとシリア情勢に触れておきましょう。いまシリア国内では非常に不思議なことが起きているんですよ。欧米のメディアでは一年半も前から「アサド政権は間もなく崩壊する」と言われながら、どっこいここまで権力を維持してきた。常識で考えたら、あの政権は保《も》つはずがない。これはシリアの現政権を支持した方が都合が良いという点でロシアとイスラエルの利害が一致しているからなんです。現在、シリアは内戦状態になっていますが、アサド政権が完全に崩壊しないのは、第一にイラン、第二にロシアからの支持があるからです。

手嶋　二〇一二年夏の段階で、アメリカ、ＥＵさらには国連まで匙を投げてしまうほど混迷を極めています。国連のアナン前事務総長も停戦を実現する自信なしと手を引きました。アサド派も自由シリア軍を名乗る反アサド派も、互いに市民の殺戮を繰り返している。国際社会としては、どちらに正義ありとも到底言えない混乱に陥っています。

佐藤　まず基本的なところを説明しておくと、アサド政権というのはアラウィー派の政権です。これを日本の新聞は、シーア派と書いているんですが、果たしてイスラム教の中におさまるのかどうか。キリスト教や土着の山岳信仰と宗教混合（シンクレティズム）を起こしている特異な宗派なんです。そういう特殊な宗教で、基本的に信者同士しか結婚しない。ちなみにアサド大統領は、例外的にスンニ派の女性と結婚している。国家体制を維持するために、妥協をしないといけないというのが理由でした。しかもアラウィー派は山岳宗教なんです。山奥に総本山がある。

シリアがフランスの信託統治だった時代、この山岳民族を秘密警察の手先にしたんですね。そのときの残滓《ざんし》が権力を取った。そしてムスリム同胞団などの反体制勢力を皆殺しにしたわけです。基本的にシリアは、例えばイスラエルと戦争になっても、原則として捕虜をとりません。イスラエル側にシリアの捕虜はいるけど、シリア側にイスラエルの捕虜はほとんどいない。殺してしまいますから。だから捕虜交換が成立しないんです。こういう体制の国です。

手嶋　シリアに停戦監視団が出ましたが、双方とも停戦ルールに従わない。全く成果を挙げられずに引き揚げました。今の話をきくと、とても一筋縄でいくような国ではありませんね。

佐藤　シリアに関して、イスラエルとロシアが何をいま心配しているのか？　権力の空白が起きると、そこにアルカイダが入ってくることです。そうなると、アルカイダの中にチェルケス、チェチェン系の連中がいて、それがまたチェチェンに影響を与える。ロシアはこれが嫌なのです。イスラエルは、何でもいいからゲームのルール上、要するに交渉の窓口、一元的に国家を管理できるようなプレーヤーがいないと困る。いまのところ、アサド大統領にかわるプレーヤーはいないというわけです。

手嶋　ところが、西側世界の方は、自由と民主主義の精神に照らして、アサド政権はとんでもない政権だと考える。

佐藤　確かにとんでもない政権です。西側はイランがアサド政権を思う様に操っていると受け取っています。アサド政権に対しては、全面的に金を入れて、イランが支えているからです。だからこれを潰さないといけないと、アメリカは本気で思っている。イギリスやフランスやドイツは、いまいろんな部族のところを歩いて、受け皿になるような野党勢力をつくろうとしているんですね。ところが、彼らはほとんどがもう四十年も政治にタッチしてない、農業だけやっていた、牧畜だけやっていたという人たちですから、政治といったって何をやっているか全然わからない集団なんですよ。政治以前のこういう困難が生じているんですね。

手嶋　情勢を検討すればするほど、アラブの春以降、中東情勢は混沌を極めているという感じがしますね。

ミサイル発射情報はなぜ遅れたか

手嶋　さて日本の前浜にある独裁国家、北朝鮮が、国際社会の反対を押して、長距離弾道ミサイルの発射に踏み切りました。二〇一二年四月十三日の午前七時三十八分、北朝鮮は三度目となる長距離射程のミサイルを黄海方面に向けて打ち上げました。日本は、韓国と共に、ミサイルの破片がわが領域に墜落してくる事態に備えて、日本海や弾道の通過点にあたる先島諸島周辺にイージス艦を配備して、迎撃態勢を整えていました。北朝鮮のミサイルは東倉里《トンチャンリ》の発射場から発進した後、一段目ロケットから二段目の点火段階で故障が発生したものとみられ、上空一六〇キロ付近で爆発炎上し、発射実験は失敗に終わりました。

佐藤　金正恩《キムジョンウン》体制の発足を喜ぶ祝砲の意味合いもあった発射実験だけに、日本での関心も高く、それだけに日本政府も、独自に発射の事実を確認して公表するプレッシャーにさらされることになりました。実際に発射の一報を報じたのは、韓国とアメリカの二十分後に対して、じつに四十分以上たってからでした。

手嶋　結局、J‐ALERT・全国瞬時警報システムも作動せず、Em‐Net・緊急情報ネットワークシステムも遅くて不正確と散々な結果となりました。いったいなぜあんなことになったのか、検証してみたいと思います。

佐藤　情報の伝達という問題を考えるためには、一本、補助線を引いてみなければなりません。現象面の問題ばかり追いかけていても本質はみえてきませんよ。キーワードはずばり「サード・パーティ・ルール」です。

手嶋　重要情報の提供をうけた者は、情報提供者の同意なくして、その情報をサード・パーティたる第三者に提供したり、公表したりしてはならないというルールですね。情報の世界の鉄則と言っていい。

佐藤　それを前提に、この問題を三つの要素から分析してみましょう。まず、今回、一次情報が遅れちゃったというのは、アメリカから提供されたSEW・早期警戒衛星が、基本的に熱感知であったことです。雷や火事にも反応してしまう。だからよく確認しないといけない。これが遅れた一つの理由なんです。

手嶋 日本の当局者が「ダブル・チェック」「クロス・チェック」と盛んに言っていたのはそれですね。

佐藤 もう一つは、羹《あつもの》に懲りて膾《なます》を吹く。

手嶋 二〇〇九年に失敗をしていますからね。ガメラレーダーで感知したのですが、ぴったり同じ方向を向いていたので「やった」と思って日本独自の判断で発表した。しかし、それが外れだったわけです。

佐藤 ここまでは、今後の検証で細部が表へ出てくると思うんですよ。しかし問題は、この先のもう一つのところです。なぜ防衛省に伝達された情報というのが、瞬時に官邸に伝わらなかったか。あるいは官邸に伝わっても、総理大臣には伝えられなかった。これは伝わっていないのと同じです。だから、藤村修官房長官がキーマンなんですね。藤村官房長官がいつ知ったのか。ここが最も重要なんです。

手嶋 この問題は国会でも大きく取り上げられているのに、核心のところは全く議論になっていませんね。

佐藤 野党は要するに、政府が嘘をついていたんだというストーリーを演出したいんです。だから「官邸は早い段階で知っていた」と周りに言わせたがるわけです。「横の連絡が悪いじゃないか」「危機管理がなってない」と。さらに、「あの危機的な状況で、十分以上の遅れは考えられない。怠慢だ、無能だ」と。そういうところに議論を飛ばすのですが、それは他の要素が全部消されて初めて成り立つ結論でしょう。しかし、あの件にタッチしていたのは、そこまでレベルの低い人たちじゃない。そうすると、レベルの低くない人たちがなぜこういう問題を起こすのか。それには、さきほどの補助線を引いてみる、つまり、サード・パーティ・ルールを基本に据えて考えなければ解は出てこないんです。

手嶋　ここで、あらためて情報の流れを整理しておきましょう。米軍のＳＥＷでミサイル発射を熱感知する。これはピンポイントで見ているわけですから、少なくとも「発射されたらしい」ということは探知できる。そうすると日米同盟、日韓同盟の締結国である日韓両国には、情報が直ちに伝えられる。東京・府中の航空自衛隊総隊には、瞬時にＳＥＷの発射情報が入っていた。七時三十八分の発射から二分後ですから、ほとんど瞬時に入ってきたと言っていい。航空総隊はそれを防衛省に伝える。そして防衛省から官邸にというのが情報の流れです。しかる後に、例えばＥｍ‐ＮｅｔやＪ‐ＡＬＥＲＴを通じて警報が出される仕組みになっていた。これと相前後して総理なり、官房長官なり、防衛相なりが、テレビ・カメラの前に出てくるという段取りでした。ところが、そのどこかで不具合が生じたということです。

佐藤 何が問題だったのかをあぶり出すためには、まず問題のなかったところを消していく必要があります。最後の、内閣危機管理センターからＥｍ－Ｎｅｔ、Ｊ－ＡＬＥＲＴへの伝達のところ。ここに大きな問題があったのではないかと、いろんな論議がされているのですが、僕は違うと思っています。

サード・パーティ・ルール

佐藤 だとすると、さきほどの情報の流れで言えば、自衛隊の部隊から防衛省へ、防衛省から官邸へという段階で、不具合が生じたことになる。ここで重要なのが、サード・パーティ・ルールなんです。直訳すれば「第三者に関するルール」。インテリジェンスで情報協力をするときは、これを必ず結ぶんです。例えば私が手嶋さんから何かの重要なインテリジェンス情報を聞いたとします。それを例えば野田さんというサード・パーティに伝えたいと思ったとします。その場合、「野田さん、ここだけの話ですが」と言って、耳打ちをして伝えるのは禁じ手です。もしそれをやったということが知れたら、それが重要な情報か否かに関係なく、サード・パーティ・ルールに違反したということで、情報提供の線は今後切られてしまいます。

手嶋　インテリジェンス・コミュニティから放逐されてしまうわけですね。

佐藤　その通りです。サード・パーティ・ルールの縛りを解いて、第三者に情報を伝えるためには、情報を教えてくれた人物に了解を得なければなりません。中身をどこまで言っていいか、かつニュースソースも伝えていいのかどうか確かめて、「この範囲だったらいいよ」という明示的な返答をもらわなくてはいけない。

手嶋　サード・パーティの範囲は、情報の中身によって変わってきますね。

佐藤　外務省における通常のインテリジェンス記録なんかに関しては、外務省内と官邸にはこのルールは適用されません。サード・パーティじゃないからです。この枠内なら伝えて構わない。しかしそれ以外の、官邸を除く省庁に伝えるとき、あるいは第三国に伝えるときには、情報提供者の事前了承が要る。

手嶋　今回、サード・パーティ・ルールはどう適用されたのでしょう。

佐藤　ＳＥＷ情報を提供してくれたアメリカとの約束事に照らしてみれば、ルールの縛りをクリアするのは、非常に厳しいのではないでしょうか。これは推測だとお断りしておきますが、北朝鮮のミサイル情報などに関する日米の情報協力が始まったとき、サード・パーティ・ルールが適用されない「有資格者」は非常に限られていた。防衛省の一部の関係者だけに限定されていたと思われます。それ以外の人に伝える場合には、アメリカの事前の了承を得ないといけない。

手嶋　その推測を前提にして、あの日の事態を検証してみると、どんなことが言えるでしょうか。

佐藤　まず米軍からＳＥＷ情報が航空自衛隊の情報担当者に伝えられた。そこからいま述べた限られた有資格者、サード・パーティ・ルールの事前解除をしないでいい有資格者に伝える。防衛省の全体に伝えるのはルール違反になります。防衛大臣も有資格者じゃありません。政治家だから、事前了承を得ないといけない。官邸に対しても、防衛省出向の有資格者にしか伝えられない。情報は持っているんだけれども伝えられない。伝えるためには、しかるべき時間がかかる。こういう状況に陥ったのではないかと、私はみているんです。

手嶋　日本のケースは判りましたが、韓国はなぜいち早く情報を公表できたかという疑問が出てきます。

佐藤　北朝鮮の衛星が韓国近海で落ちたので韓国のイージス艦が独自情報を掴んだ。さらに、韓国に関しては、サード・パーティ・ルール解除の範囲が、これも推定ですけれども、日本に較べてはるかに広いのかもしれません。

手嶋　つまり、情報を速やかに受け取れる有資格者が多くいて、要路に滞りなく伝わったという推論ですね。

佐藤　韓国は反共政策の下、共産主義との戦いというのを永年やっていましたから、そのぶんインテリジェンス訓練が進んでいる。秘密の保持、情報の保全が比較的よくできているという評価を背景に、政治レベルを含めて、サード・パーティ・ルールの解除がなされている可能性はあります。

手嶋　アメリカのインテリジェンス当局が、いわばフライングを暗黙のうちに認めているというわけですね。

佐藤　そうですね。朝鮮半島の情勢も鑑《かんが》みたうえで、そのような協力体制が築かれているのかもしれません。ただし今回は、北朝鮮が発射に失敗して、非常に低いところで長距離ミサイルが落ちてしまった。それを韓国のイージス艦がたまたま察知して、SEW情報とのダブル・チェックが済んだため、公表できた可能性もあります。

サード・パーティ・ルールを遵守した日本

手嶋　僕はちょっと疑問を持っているんですよ。午前八時に韓国の国防大臣は発表しています。しかも「ミサイル発射だ」と断言している。なぜ韓国が発射の二十分後に公表できたのか。韓国にも、範囲の差こそあれ、サード・パーティ・ルールの縛りはかかっているはずです。

推測できる可能性は二つ。一つは韓国が説明しているように、独自に自国のイージス・システムで発射を探知して、ダブル・チェックを済ませていた。もう一つは、サード・パーティ・ルールの一種の例外規定を援用したのではないかという可能性です。前者だとすれば、サード・パーティ・ルールの縛りはかかりませんので、すぐに発表に踏み切れます。ただ、はたして韓国のイージス・システムだけが、日本より優れていた、ミサイルと断定できたと考えるのは、少し無理があるかもしれませんね。

佐藤　ええ、イージスに関しては、日本よりも韓国が進んでいることは考えられません。

手嶋　だとすれば「韓国のイージスが確認した」という話は、公表への政治判断に使われた可能性もあるように思います。

佐藤　たしかにこの問題に関しては、お隣から撃たれる韓国は死活的な利益に接していますから、サード・パーティ・ルールに反しても、もしくは緊急事態という一種の例外規定を援用して、という可能性なきにしもあらずですね。自国のイージスがそこにいるのだから探知したことにして、米軍情報を入手した時点で見切り発車したことは考えられます。

手嶋　イージスの話はエクスキューズに使って、実際は後者の例外規定が作動した可能性があるんじゃないかと思うんです。

佐藤　非常に重要なお話です。もし今の手嶋さんの仮説が正しかったとすると、おかしな話ですけれども、日本政府の対応は中長期的に正しかったということになる。

手嶋　全体としては、そういうことになります。しかし、藤村官房長官の会見で、「SEW情報を受け取っていた」と明らかにしてしまっていますから、合格点は到底あげられません。

佐藤　サード・パーティ・ルールを厳守したがゆえに公表が遅れ、それにより国会でのコストはかかったけれども、「日本はルール違反の情報漏洩をしなかった」という信頼を米国から勝ち取った。そうすると、今度は、核実験だとかもっと大きな問題が起こった場合でも、日本には正確な情報がいち早く伝えられるでしょう。

手嶋　そのためには、まず、政治指導部が、情報のルールについて、徹底した訓練を受けなければいけませんね。いずれにしても、情報の世界は、二重底、三重底、そして四重底になっているので、この公表遅れの問題をめぐっては、ジャッジメント、そして批判は慎重にやらなければ。

佐藤　少なくとも、直後に野党がやったような批判は相当ズレていますね。

手嶋　正論を述べているとみえる人も、しょせんは軍事オタクに過ぎない感じがします。日本の軍事評論家が、プラモデル愛好家とあまり変わらないのと似ています。紳士淑女は戦術を語らないと言います。大きな戦略を語るべきです。サード・パーティ・ルールの詳しい内容や例外規定は、外から見えません。

佐藤　そう、見えないんです。しかし、ルールを破っていれば、全体としては絶対にばれます。

手嶋　まあ、韓国の保守政権の維持という観点からすれば、大統領選挙を控えて、じつに見事でした。アメリカに対しては政治的なリスクも負いながら、午前八時に果敢に公表に踏み切った。国内政治的には合格点です。政治判断がきらりと光っている。

佐藤　そう、選挙対策としては合格点でしょう。もう選挙キャンペーンが始まっているわけですから。

手嶋　日本はサード・パーティ・ルールで押し切れば、情報処理に躓《つまず》いたお粗末な日本という評価を覆して、一発逆転の場外ホームランの可能性はあると思います。

佐藤　僕もそう思います。だからここのところは、サード・パーティ・ルールという言葉は直接出さないまでも、「情報提供の約束ごとがあるので、つぶさには申し上げられません」と言えばいいんです。

手嶋　「批判は甘受します。しかしより大きな国益を考えれば、対応に大きな誤りはなかったと思います」と。ただし、直後の官房長官会見は、この約束事を自ら破ってしまっていますから、不合格でしょう。

佐藤　ほんとうは、微妙な言い回しで、外の人間に「ああ、サード・パーティ・ルールのことを言っているんだな」と感じさせればいいわけです。

手嶋　そういう成熟した、プロの官房長官が出てきてほしいですね。ついこの間まで、この国にも後藤田正晴さんや野中広務さんのような官房長官もいたのですから。

せめて猫のインテリジェンスを

佐藤　ただ、より高い視点から国益を考えるならば、サード・パーティ・ルールなどに縛られない、日本独自の情報を入手できる体制を早く整えなければいけません。ここは、準天頂衛星を打ち上げることも、真剣に検討する好機でしょう。

手嶋　今回の北朝鮮のミサイル発射をめぐるドタバタ劇から得られる教訓はいろいろあるのですが、独自情報を収集するシステムの確立は急務です。他人からもらったものは、必ず縛りがかかります。情報に同盟なし。国家を真剣に守ろうと思えば、情報収集の手段は自前で構築する必要がある。

佐藤　そのとおりです。サード・パーティ・ルールの存在を説いているのはそのゆえです。

手嶋　たしかに現在も日本の情報収集衛星は地球上を回っています。ところがわずか四個しかない。

佐藤　五個になれば、日本も確認できるわけですよ。ただ安全保障上は五個でもいいんですけれども、国内のセキュリティまで考えたらそれでも不十分。日本版GPSが必要なのであって、例えば徘徊老人がどこにいるかの情報が、現在の米国製GPSだと六メートルずれることがあるので困る。正確なシステムが必要だという世論を形成して、とにかく準天頂衛星を七つ上げるのです。

手嶋　そうすると、ピンポイントでわかる。

佐藤　これは雇用対策にもなります。新たに理科系の就職口をつくります。大学での衛星関連技術の講座増につながるので、日本の理系離れを防ぐ手立てとしても有効でしょう。七個の衛星を常に打ち上げられる体制をつくることには、そうした意味もあります。

手嶋　日本は戦後長く、牙は持たない戦略できた。ウサギはオオカミのように牙はないわけですけれども、長い耳という武器がある。しかしその耳も、GPSがない現状では長いとは言えないわけですね。

佐藤　ウサギほど耳が長くなくてもいいと思うのですよ。ただし準天頂衛星ぐらいは欲しい。牙に関しては、オオカミの牙を持つ必要はないんですけれども、猫ぐらいの耳と牙は持った方がいいと思うんですよね。それから、いろいろなパイプをもって、鼻を利かせる必要もある。ただこれも、犬ほどよくなくていいと思うのです。つまるところ、猫ぐらいのインテリジェンス・モードは持った方がいいということです。猫ぐらいの牙と耳と鼻を持つ。日本の場合は、それぐらいのサイズでいいと思うんですよ。

手嶋 情報衛星に関しては、九七年に基本方針が決定されて、開発が進められてきましたが、二〇〇六年、〇九年、そして特にこの一二年の北朝鮮のミサイル発射に際して起こった事態を教訓として、総合的な絵を今一度描く必要があると思います。

第5章　アジア半球の新たな勢力地図

「トモダチ」がやってきた

佐藤　国際政治の表舞台で使われる「トモダチ」という言葉はじつに陰影に富んでいます。ですから「トモダチの政治学」には、それぞれの国のインテリジェンス文化がみごとに映し出されます。冷戦時代にチェコスロヴァキアに行った時のことでした。街のポスターのあちこちに「ソ連は我々のトモダチ」と書かれてあった。チェコスロヴァキアの友人に「これは何なのか」と訊いてみたら、「いや、書いておかないと忘れてしまうじゃないか」と（笑）。

手嶋　東日本大震災が発生した直後から、在日アメリカ軍基地の部隊は、それこそ風のごとき速さで被災地に駆けつけてきました。在日米軍司令部で対日折衝のリエゾンをつとめていた知日派の文官が、ぱっと閃《ひらめ》いて「トモダチ作戦」と命名したのです。チェコのポスターを思い浮かべたわけではないのでしょうが、巧みなコピーだなあと感心してしまった。あのときアメリカ側は、大型ヘリで海兵隊を仙台空港に送り込み、最強の原子力航空母艦「ロナルド・レーガン」をフクシマ沖に急派し、グアム島から無人偵察機「グローバル・ホーク」をフクシマ原発の頭上に飛ばした。原子炉がメルトダウンを起こし始めていると睨んだからでしょう。被災地への救援はいうまでもありませんが、放射性物質の漏出や原発の再臨界に備えて、アメリカにとっての脅威が迫っていると受け止めていたのでしょう。「トモダチ作戦」こそ、有事のインテリジェンスの発動だったのです。

佐藤　それだけに、この「トモダチ作戦」を日米同盟が機能している証だと言い立て、これで基盤が脆《もろ》くなっていた日米の同盟関係が再び強化されたなどと喜んでいる外務省や防衛省の官僚はどうかしていますよ。むしろ、今回の大震災によって、東アジアの新しい局面の幕が開けたと受け取るべきなんです。一九八六年のチェルノブイリ原発事故は、ソ連の統治機構が崩壊する引き金となったことを忘れてはいけない。

手嶋　そう、フクシマ原発事故によって、戦後の日本がひとつの終焉を迎えたと考えるべきなのかも知れません。ハーバード大学の国際問題研究所で同僚だった米海軍の高級幕僚が、その後、米西海岸の軍港サンディエゴに移って、僕は原子力空母「ロナルド・レーガン」に乗艦させてもらったことがあります。ああ、原子炉をそっくり載せて巨艦の推進力にしているんだと改めて感じ入りました。ですから、原子炉自体が敵のミサイル攻撃の標的になる可能性がある。このため二十四時間体制で原子力防護部隊をスタンバイさせているのです。だからこそ、米海軍の太平洋艦隊司令部は、フクシマ原発事故の一報に接して、日本近海で演習中だった原子力空母「ロナルド・レーガン」を真っ先に投入したのです。その後の推移をみれば、アメリカ側の判断が的を射ていたことが判ります。

佐藤　そう、要するにインテリジェンス能力が磨かれているんですよ。これに対して、「トモダチ」の友情に涙する日本人は、インテリジェンスというプリズムを介して見ると、まったくお人好しといわざるをえません。原子力空母「ロナルド・レーガン」が東北沖にやってきたことの意味を読みとれずに「トモダチの証だ」などと言って有難がった。「これで日米同盟が必要なことは沖縄の人たちにも判ったはずだ」などという論外の論評もありました。

手嶋　インテリジェンスは、国益に基づいて発動されるのです。アメリカが「ロナルド・レーガン」を急派したのも、フクシマ原発のダメージを正確に把握し、まず日本に住むアメリカ国民を保護するのが狙いでした。

海兵隊は大型ヘリに乗って

手嶋　アメリカ政府は、日本側の要請があれば、原子力空母「ロナルド・レーガン」の核防護部隊をヘリに乗せてフクシマ原発に向かわせるつもりだった。しかしながら、菅官邸は混乱の極みにあり、援助の要請も拒否も、まともな対応ができる状態ではありませんでした。一方、米海軍は、海幕のオフィサーたちを空母艦上に迎え入れて、救難作戦をどう進めるか協議しています。日本の官邸の意思が示されないことに、苛立《いらだ》ちを募らせていた。すでに沖縄のアメリカ軍基地からは続々と大型輸送機が横田基地などに集結し、甚大な被害を受けた仙台空港にも、海兵隊の先遣隊を載せたヘリコプターが飛来しました。「大型ヘリコプターが荒鷲のように天空から続々と舞い降りてきた」。自衛隊の情報士官はこう話しています。

佐藤　大量の物資を被災地に送り込むには、拠点となる空港の復旧を優先すべきだと判断したのです。

手嶋　日本の航空自衛隊の場合、国内の航空法の規定が煩瑣で、民間の空港には簡単には着陸できませんからね。そうした日本側の動きを尻目に、沖縄の海兵隊のヘリコプターや大型の輸送機がどんどん降りて来た。現場にいた航空自衛官は「その圧倒的な展開力に驚いた」と話しています。じつは、日本側は誰も明確な形ではアメリカ軍に出動を要請していない。後になって日米の協議があったと辻褄をあわせていますが、実態はアメリカ軍の独断専行に近かった。「トモダチ作戦」の真相は、このように徹底したアメリカ主導でした。

佐藤　それは「正しいトモダチ」のあり方なんですよ。例えば旧ソ連時代のポーランド。ワレサ議長の「連帯」で有名な港町グダニスクで異変が起こったとなると、プラウダやモスクワ放送でこういうメッセージが出されるんですね。「社会主義共同体の利益を擁護するために、ポーランド国家と人民に対してソ連はいつでも率直な友好的援助を行なう用意がある」と（笑）。これが出て来ると、首相のヤルゼルツキも戒厳令を布《し》くわけですよ、「トモダチ」のソ連軍が来るからと。チェコスロヴァキアに関しても同じです。やはりこれこそが「友情の証」なんですよ。ワルシャワ条約機構の五カ国による社会主義共同体の利益を擁護する友情の証なのです。つまり、彼らにとって「トモダチ」とは、そういうものなのです。

手嶋 安全保障同盟の本質が簡潔に示されていますね。その点で日本のメディアがカタカナで「トモダチ」と表記しているのは正しい。福島を襲った核の惨禍を「フクシマ」と表記するのと同じです。外国のメディアにとっては、ヒロシマと韻を踏んでいる。

佐藤 フクシマ原発にグアム島の米軍基地から無人偵察機が飛んだという話がありましたが、正確な放射線量の測定を行なっているでしょう。これもトモダチの正しい振る舞いです。

インテリジェンス・サイクルは回っているか

手嶋 トモダチ同士の日米間で、避難区域の設定をめぐって、重大な齟齬《そご》が生じてしまいました。避難区域を日本政府は「三〇キロ圏内」と定めたのに対して、アメリカ政府は「日本に滞在しているアメリカ市民は八〇キロ圏外に避難せよ」と命じました。

佐藤　日米どちらの判断が正しいのかと誰しも考えてしまいます。

手嶋　本当なら当事国である日本政府の判断が正しいはずです。実際に「アメリカの措置は、あたかも日本政府の判断が間違っているような印象を与えてしまう」という非難の声が日本の官僚の側から上がりました。ところが、アメリカ側は頑として八〇キロ圏外に避難せよという判断を変えなかった。精緻なインテリジェンスに基づいて下した判断だからです。

佐藤　日本政府は、初め避難区域を三キロとし、これを逐次広げて三〇キロとした。そう大声で主張したのが原口一博元総務大臣でした。後で八〇キロと主張したが、これは力及ばず。公職についていない原口、前原誠司前外相の二人が遊軍の働きを果たしたのです。公職にいたら逆に動けなかったかもしれない。あの二人がいなければもっと惨憺《さんたん》たる状況だったはずです。

手嶋　菅政権の官邸には、インテリジェンス・サイクルがほとんど機能していなかったのです。インテリジェンス・サイクルとは、決断の拠り所となる情報を選《え》り抜いて精査し、分析し、簡潔な報告に取りまとめて、適確な意思決定につなげる情報回路のことです。生き物でも、重傷を負っても、心臓さえ動いていれば何とかなる。いかなる巨大組織でも、情報の心臓に譬《たと》えられるインテリジェンス・サイクルさえ粛々と動いていれば最悪の事態は避けられます。究極の有事に際して、最後の決断を委ねられし者、それは言うまでもなく内閣総理大臣です。運命の三月十一日、国家の決断は菅直人というリーダーに委ねられていた。従って、総理大臣は、フクシマ原発の現状を正確に把握するため、東電、原子力安全・保安院、原子力安全委員会から膨大な情報を集めて、それを選り分け、真贋を確かめ、原子炉の奥深くで何が起きているかを推し量り、対策を決断しなければいけなかった。三月十一日の午後遅くの段階で、こうした機能が曲がりなりにも機能していれば、あれほどの惨事にはならなかったはずです。決断を委ねられし者——この地位にいた人物に、「決断するは我にあり」という自覚がまことに希薄だったことが日本の不幸でした。

佐藤　手嶋さんのおっしゃる通りです。インテリジェンス・サイクルには、事前のサイクルと事後のサイクルという二つのサイクルがあるんです。インテリジェンス・サイクルが全く回っていないなど絶対にありえない。要は高いレベルで回っているか低いレベルで回っているかが問題です。今回の場合、事後のインテリジェンスという点で言えば、低いレベルで物凄いスピードで回っている。情報収集のところは政府なり東電が担う。しかし情報分析の段になると政府機関が機能していないわけですよ。要するにそこで起きてしまったこと、それはスモール・ガバメンツがいくつか出来ちゃったという事態です。総理のガバメントもあれば、前原のガバメントもあり、原口のガバメントもある。そして経産省のガバメントもあり、原子力安全・保安院のそれも、警察や自衛隊のガバメントもある。いくつものスモール・ガバメンツが並立していて、個別に小さなインテリジェンス・サイクルが回り始めていた。

アメリカの介入、その喪われた機会

手嶋　その点でも勝負どころはやはり初動の二十四時間でした。大地震と大津波が発生して翌十二日、さらには翌々十三日になると、決断を委ねられた人たちや組織の上層部にスモール・ガバメンツが雨後のタケノコのように出現してしまった。

佐藤　いかなる大事件も結局のところ、初動の対応がその後の運命を決めてしまうんです。これは過去の教訓から明らかです。

手嶋　十一日の午後二時四十六分に大地震が東北地方太平洋岸を襲い、大津波が起こった。フクシマ原発ではとりあえず制御棒が下りて、炉心は一号炉から三号炉まで一応止まった。ところがその直後、作動するはずの冷却装置が動かない。臨時の電源を起動させるディーゼル・エンジンがまったく動いていないことが判明しました。適確な手を打たなければ、原子炉の心臓部で、核燃料のメルトダウンが、その果てにメルトスルーが起きる。最悪の事態では再臨界が起きる怖れがあった。このことは、後知恵でなく、見通せたはずです。十一日の夜に入った段階では、すでに憂慮すべき段階に差し掛かっていたことは判ったはずです。官邸の首脳陣は、避難区域を三キロにするかどうかはあれこれ検討しましたが、肝心の原子炉そのものにどう立ち向かうかという決断はしかねていました。つまり、危機の官邸ではインテリジェンス・サイクルが惨《みじ》めなほどに機能していなかったと言わざるをえません。

佐藤　官邸の指導部がはっきりとした決断を下さなければ、政府の機関は具体的なオペレーションに着手することができません。

手嶋　いかなる決断が初動の二十四時間に下されるべきだったか。僕はこう考えます。まず、フクシマ第一原発を廃炉にする覚悟のもとに、大量の海水をあらゆる手段を尽くして原子炉に注入するという決断を下す。二つ目に、日本だけで立ち向かえる範囲を超えたという情勢判断のもとに、国際社会から知恵と経験と人材を借り受けて、この難局に臨む決断を下すことでした。事故の発生直後に、国際的な緊急委員会を急ぎ立ち上げて、アメリカ、フランス、そしてロシアの英知と人を駆り集め、この事態に立ち向かっていれば、あれほどの惨事を避けることができたかもしれません。

佐藤 私も完全に同じ意見です。

手嶋 原子炉の建設はもともと核兵器の製造を目的として始まりました。戦後はそれらの技術が発電に平和利用されることになったのですが、原子炉の随所に機密が隠されています。大地震の後に福島沖に姿を現わした原子力空母「ロナルド・レーガン」はそんな軍事機密を体現する存在です。フクシマ原発の一号機は、日本のメーカーが作業にあたったものの、アメリカ主導で建設がすすめられました。それは機密の塊でした。当時の東京電力の技術陣は、必死でそれらの機密を我が物にしようとしたのでしょうが、やがて代替わりをするにつれて、古いタイプの原子炉についての知識が薄れていった。原発の運用を任された東電の幹部たちは、有事に際して原発を制御する基礎的な知識すら失っていきました。事故調査委員会の報告がそうした驚くべき事実を明らかにしています。

佐藤　あの官邸では、菅さんは原子力工学の基礎知識を一応は持っている。だから危機意識はあったはずなのですが。危機意識がありながら、それが決断に結びつかなかった。それが彼の一番の問題点なんですよ。

手嶋　「危機の指導者というものは、自分が限られた知識しか持っていないことを自覚することが何より大切だ」。近著でこう述べているのは、ドナルド・ラムズフェルド元国防長官です。知っていると奢《おご》る指導者ほど過ちを犯しやすい。

佐藤　菅さんは、事故の翌早朝、現地視察に出掛けていった。それくらい危機的だと感じていた。戦闘のとき、大将は動くべきでない。しかしどうしても不安でならないなら、視察に行くこと自体は仕方ないが、ヘリコプターで上空偵察して帰って来りゃあ良かったんですよ。指揮官の観点からも現場を見ておく必要はあるが、降りてはいけない、現地に。

手嶋　僕は、あの場合、指揮官はやはり動くべきではなかったと思います。率先垂範ということもありますから、現地に出かけることを全く否定するものではありませんが——。第二次世界大戦の欧州戦線で連合軍を率いた、かのモンゴメリー総司令官だって、かなり危ない前線に出かけて自分の目で戦況を確かめています。ただ一刻の猶予も許されない三月十一日の深夜から翌十二日にかけては、指揮官はやはり統帥の中枢を留守にしてはまずい。揺るぎない決断を下すことに全ての力を注ぐべきだったと考えます。

ナルシシズムは情報センスの大敵

佐藤　僕は菅さんってギリシャ神話のナルキッソスだと思うんですよ。要するに自己愛が結構強い。彼は権力にしがみついていると言われたがそうじゃないんですね。ナルキッソスは女性に対する基準がまことに厳しい。

手嶋　それで女性たちをどんどん振ってしまうわけですね。

佐藤　そう、エコーなんてやつは、可哀相なことに、振られた結果、からだが消えて声だけが残った。だから、こだまをエコーと呼ぶわけです。それで神様が、この野郎けしからんということで呪いをかける。お前は自分しか愛せなくなるとね。ナルキッソスは呪いをかけられたことを知らないで、あるとき水を見る。そうしたら美しい青年がいる。そこで身動きが取れなくなって、痩せ衰えて死んでしまう。死んだあとに水仙の花が咲いていたという神話が生まれる。だから菅さんのところへ水仙の花束を早く贈らなければいけなかった（笑）。エマニュエル・トッドがサルコジ大統領を分析する鍵はナルキッソスだと書いている。『デモクラシー以後』という本を読んでいて気づいたんですよ。それまでは、菅さんが権力にしがみつくのは、それなりに意味があると思っていた。ところが菅さんはやりたいことがなかったんですよ。事実、サルコジ同様に、やりたいことがない。フクシマ原発事故の後で脱原発といっていたのは、後からついてきた理屈なんです。彼は自分の姿に見とれて身動きが取れなくなってしまった。

手嶋　菅さんの本質を読み解く重要な発言があります。「総理になってみて、自分は歴代総理がどうしてあんなに簡単に権力を手放してしまうのかに気づいた。やはり自分のやりたいことを理解してくれる人が余りにいない。それで気持ちが萎《な》えてしまう」と。でも自分は萎えないと言っています。この発言に水仙を投影させてみればわかりやすいですね。

佐藤　インテリジェンスにとって一番の障害は何か。ずばりナルシシズムなんですよ。ナルシシズムほど有害なものはない。そして菅さんは、教育程度は高い、情報もそれなりに集めている、自分も走り回る。しかし自己愛が、あるべき決断を歪めている。

手嶋　インテリジェンスの要諦は、自己を冷静にみつめて、対象として突き放し、時に自分をも徹底的に客体化し、怜悧に決断することにあります。ナルシシズムはその対極にある。自己愛に陥ってしまえばインテリジェンスは機能しません。二〇一一年三月十一日、官邸のインテリジェンスの心臓部に自己愛の人がいた。そこにあの大地震と大津波が襲いかかった。フクシマ原発にメルトダウンの危機が忍び寄るなか、菅さんは最高責任者として決断をしなければならなかった。しかもこれは、もはや日本のみの災厄ではない。問題の処理を誤れば、国際社会をパニックに陥れてしまう。世界が固唾《かたず》を呑んで菅さんの決断を見守るなか、迅速に適確に決断しなければならなかった。こうした大事な局面でナルキッソスさながらに菅さんは固まってしまった。

佐藤　仰《おっしゃ》るとおりのことが起きてしまったと思います。ところが、当の菅さんは、上手くいったと思っているんです。なぜかというと、彼の公約が「最小不幸社会」だからです。キャッチ・フレーズに否定形が二つ含まれている。「最小」と「不幸」。不幸を前提としているため、最も不幸な事態は避けられたと考える。これでは、どんなケースでも、常に成功することになってしまいます。

情報都市としてのTOKYO

手嶋　いま日本の首都、東京は、インテリジェンスの観点から見て、どんな地位にあるのか。僕らが、二〇〇六年に『インテリジェンス　武器なき戦争』（幻冬舎新書）の対談で論じた時点では、TOKYOは世界のインテリジェンス活動の重要な舞台という位置づけでした。

佐藤　ここにきて、世界から東京に集まっていた連中、情報のプロフェッショナルは、少なからずいなくなっちゃっている印象があります。

手嶋　かつてジョン・ル・カレは、スマイリー三部作のひとつ、『スクールボーイ閣下』のなかで、東アジアの要衝、香港から撤退するSIS・英国秘密情報部を「情報部隊のダンケルク撤退作戦」と呼び、国際政局を動かす中ソ関係を観察する絶好の情報拠点を閉じることの愚を批判しました。現在の東京は各国のインテリジェンス・オフィサーから置き去りにされていると言っていいでしょう。

佐藤　直感的にそう思います。例えばモサドは、他のいろんな情報機関の動きを見ているわけですが、これがいま東京から引き揚げようとしています。十分な情報が東京で入りにくくなってきているという認識がある。大諜報都市東京という様相が、幾らか変わっているかもしれない。それは日本の政治情報が弱っているからです。今までは北朝鮮のことでも中国のことでも、日本の政治家や官僚から相当情報が取れていた。それだけ政治が弱くなっているということでしょうね。

手嶋　うーん、由々しい事態ですね、総理がやめるとかやめないとか、日替わりメニューのようなニュースばかりが新聞の一面を飾っているようじゃ、読むに堪えない——。

佐藤　新聞が明らかにニヒリズムに陥っている。それが紙面から伝わってくるわけですね。記者が、明らかに信じてないことを書いている。すべての新聞が「東スポ」になっているわけです。インテリジェンス・オフィサーはやっちゃいられないという感じになりますよ。

手嶋　ただ、東アジアの政局を読む上で、日本の政治がどこまで衰弱しているかを見定めるのはそれなりに重要だと思うのですが。

佐藤　中国がこれだけ影響力を増して、韓国やロシアが自己主張を強めていますからね。日本は帝国主義の草刈り場になっている。だから見ておかないわけにはいかない。この国がどこに行くかで、東アジアの流れがかなり変わってくる。日米同盟はどこへ向かうのか。沖縄と中国とアメリカの関係がどう推移していくのか。インテリジェンス・コミュニティは注視せざるをえないですね、特に沖縄の今後を。

手嶋　長期の視点に立てば日米同盟は明らかに解体過程に入っている。そうした流れのなかで、世界第三の経済大国ニッポンは一体どんな針路をとるのか――。

佐藤　それと同時に、集団的安全保障の行方はどうなるのか。第二のワシントン軍縮会議はあるのか。アジア集団安全保障構想みたいなものは出てくるのか。全欧安保協力会議のアジア版というのはあり得るのか。この地域で中国が一方的に「ゲームのルール」を設定してしまう前に、アメリカの発想として、やはり中国のこれ以上の軍事拡張は抑えないといけないという形で、一定の「ゲームのルール」を創ろうと動くのは当然だと思うんですよ。

黄昏れゆく日米同盟

手嶋　日米同盟は非対称同盟です。アメリカは対日防衛義務を負っているが、日本は対米防衛義務を負わない。そのかわり、日本はアメリカに日本国内の米軍基地を提供することで、非対称だが、日米双方が義務を果たして、同盟のバランスをとっているという意味です。しかし、普天間基地の移転問題が暗礁に乗り上げたことで、日本側は非対称な義務すら放棄しつつある――アメリカはそう受け止め、地元の沖縄では自分たちだけが故《ゆえ》なき負担を負わされていると亜民族意識が頭をもたげてきています。

佐藤　日米の安保条約では、米側は軍事基地の提供を受けるとともに、日本が実効支配している領域すべてにおいて、軍事展開することができるわけです。ロシアとの関係で言えば、谷内《やち》正太郎外務次官のとき、北方領土交渉に関する新しい考え方を提示しました。新聞では「北方領土の面積二等分論」という点に焦点があてられましたが、それよりも重要なシグナルを谷内さんは出していました。北方領土が返還された場合、その返還された地域を非軍事化する――すなわち日米軍事同盟が適用されない領域をつくる。恐らく「五六年日ソ共同宣言」をベースにして、歯舞、色丹二島の引き渡しを先行させるためにも、その問題は避けて通れなかったんですよ。

手嶋　その一方で、谷内外務次官の時代には、中国に対して重要なカードを切っています。二〇〇五年の日米外務・防衛四閣僚による「共同発表文書」がそれです。「日米両国は台湾海峡問題の平和解決を希求する」というくだりが、中国側の激烈な反発を買いました。一九七二年の「米中の上海コミュニケ」の「台湾条項」にあったくだりに、日本という主語を加えて、日米の共通戦略目標としたわけです。これはもともと、台湾海峡をめぐる平和解決の道が崩れた時には、アメリカは軍事力を発動して台湾を防衛するという重要文書です。今回はこれに日米両国が連携して台湾海峡危機に介入する意思を示した――。少なくとも、中国側はそう受け止めて、激怒した。僕が知る限り、中国側があれほど怒ったことはないですね。

佐藤　中国を本気で怒らせる日本の政治家や官僚は、いい政治のプレーヤーですよ。僕の方からも、一つ加えさせて下さい。民主党政権への交代直前の二〇〇九年五月、「グアム協定」をつくったでしょう。あの外務官僚は姑息でしたね。「グアム協定」のなかに、米海兵隊の普天間基地の移設を含む「ロードマップ」の実施が含まれている。「ロードマップ」は、政治的合意であって、協定のような法的拘束力を持ちません。法的な「グアム協定」に政治的な「ロードマップ」を無理矢理包んで、米海兵隊の普天間飛行場の辺野古移転に国際法に基づく拘束力を持たせた。外務官僚は明らかに政権交代をにらんでいたわけですね。政権交代があった後でも、辺野古移転という線は生きないといけない。これが継承されないと国際約束の違反になると布石を打っちゃったわけですね。

手嶋　そんな姑息なことをするくらいなら、辺野古移転の最終的な協定文書も整えて、正式な国際約束にしておくべきです。普天間問題は、自民党政権と外務官僚にも大きな責任があると僕は一貫して言ってきました。

佐藤　非対称同盟でいるメリットは、実は日本の方が圧倒的に大きいわけですからね。これが、対等のところで、我々が核武装をして航空母艦を持つ——こういう流れは良くないです。持つと使いたくなりますから。

手嶋　田母神俊雄将軍と読売テレビの「たかじんのそこまで言って委員会」でご一緒したことがあります。田母神さんは例によって、日本よ、核武装すべしと主張しました。僕は「田母神さん、ちょっと待ってください。日本は核武装などできるわけがありません」と反論しました。「日本がいま核を持ったら、核のボタンを誰に預けるんですか」というと、小さな声で「菅直人総理です」という答えが返ってきました。僕はホワイトハウスを長く担当していたのですが、大統領の寝室にドア一枚隔てて、軍事補佐官が控えています。核の発射ボタンのロックをはずす装置が入ったアタッシェ・ケースを抱えて、二十四時間体制で待機しているんです。アメリカ大統領は文字通り核のボタンと添い寝していると言っていい。田母神さんに「僕は日本が好きですが、いまの民主党の首相が核のボタンを預かるなら、しばし亡命します」と話したところ、「そうですね、すみません」と。こうした現状では日本の核武装が非現実的なことを素直に認めました。

佐藤　田母神さんって、何しろすごい人ですからね（笑）。日本の空軍の最高司令官だった人の国際情勢認識がこの水準であること自体が、ニッポンの国家機密だと思います。

手嶋　戦略を担う人々には、単なる軍事技術だけでなく、やはり知的な訓練を通じて、視野を広げてほしいと思います。「優れた武人である前によき市民たれ」。これは塩野七生さんが防衛大学校の卒業式に招かれて述べた言葉ですが、至言というべきでしょう。

ギリシャ危機の深層

手嶋　国家の統治機構が果たして機能しているか——。これはいま、日本だけでなく、遥かヨーロッパのギリシャでも問われています。二〇一二年五月に行われたギリシャの総選挙で、EU、IMF・国際通貨基金による支援受け入れを表明していた連立与党の新民主主義党と全ギリシャ社会主義運動が敗れ、様々に組閣が試みられましたが、そのことごとくが失敗。結局、六月に再選挙となり、支援受け入れ派がかろうじて組閣に漕ぎつけて内閣が発足しました。ギリシャ発の欧州危機は、依然として欧州経済全体を脅かし続けています。

佐藤　「公務員天国だ」とか「平気で税金逃れをする」とか、ギリシャに関してはあれこれ言われていますが、問題はそれほど単純じゃない。非常に根が深いのですよ。結論を言えば、ギリシャ問題は「東西冷戦の遅れすぎた処理」だと思っています。そもそも、なぜあの国が「西側の一員」になったのか、そこが全ての出発点です。

手嶋　そう、ヨーロッパの歴史では、ギリシャこそ柔らかい脇腹です。第二次大戦末期の一九四四年まで遡《さかのぼ》って、ギリシャ情勢を見てみましょう。戦時のイギリス首相、ウィンストン・チャーチルが、ソ連を率いるヨシフ・スターリンをモスクワに訪ねました。戦後のヨーロッパの勢力地図を決める鞘当《さやあ》てが早くも始まっていたのです。チャーチルはメモに「ギリシャ：英国9　ソ連1、ルーマニア：英国1　ソ連9」とそれぞれの優先権を書きつけると、スターリンも「よし」と認めたと言います。後の東西両陣営の境界線が初めて引かれることになった瞬間でした。こうしてギリシャは、後に「鉄のカーテン」と呼ばれる東西の境界線の西側にかろうじて留まることになりました。

佐藤　そう、まさしく「かろうじて」ね。いまの話を頭に入れてもらって、ギリシャの歴史をさらに遡ってみます。ヨーロッパという地域は、三つの原理によって構成されています。ユダヤ、キリスト教の一神教の伝統、ギリシャ古典哲学の伝統、そしてローマ法の伝統です。ヨーロッパというのは、これらの原理が支配した西ローマ帝国の後裔なんですね。それに対して、ギリシャのルーツは東ローマ帝国。そこには一番目の一神教と二番目の古典哲学はあるのだけれど、三番目のローマ法の伝統がありません。「合意は拘束する」といった原則はローマ法の約束事で、それが近代法の原点になりました。しかし、ギリシャではこれが通用しない。ギリシャの古典劇には、「約束はしたが、心はそれにとらわれていない」というような台詞がよく出てきます（笑）。

手嶋　税金逃れをしたり、契約を軽んじたりといったギリシャの国民性には、それなりの歴史的背景がちゃんとあるのですね。決してちゃらんぽらんというだけではない。

佐藤　そうです。それから、もう一点、今のギリシャを建国したのは、地中海沿岸のロシア帝国のなかに住んでいたキリスト教徒（正教徒）のギリシャ人たちなのです。多くの人がギリシャといえばアリストテレスやプラトンの名前を思い浮かべるはず。でも「君たちは実はギリシャ人なんだ」と言われてやって来たギリシャ人は、古代ギリシャ人とは何の関係もないのですよ。オスマン・トルコ帝国に住んでいたギリシャ語を話すキリスト教徒たちが結束を強め、民族意識を高めて、ボスポラス海峡を越えてやってきたわけです。ちなみに、ギリシャ建国後、もともとその地に住んでいたイスラム教徒は、隣のトルコに移って今のトルコ人になった。逆にトルコにいたキリスト教徒はギリシャに移って、今のギリシャ人になった。こういう歴史があるのです。だから、今のギリシャ人は宗教性や思考様式に関して、むしろロシアと親和的で、西欧人とはものの考え方が違う。にもかかわらず、東西冷戦の構造のなかで、戦略的に西側陣営に組み込まざるを得なかったわけですよ。その流れで、さらにEUができた時、ギリシャも入れることになったんです。

手嶋　共通通貨「ユーロ」の導入に向けた流れが固まりつつあった一九九〇年代半ば、僕はドイツの暫定首都ボンの特派員でした。ユーロ導入に主導的な役割を果たしたドイツのコール首相とフランスのミッテラン大統領はあの時、ギリシャをなんとしても通貨同盟に加えようと必死でした。今から考えれば、その努力が仇《あだ》になった——とも言えるのですが。

佐藤　だからギリシャの発想はこうなります。「俺たちは違う文化圏だけど、入ってやっているんだ。お前らが養うのは当たり前だろう」。遠く離れた日本にいるとなかなか理解し難いのだけれども、この感覚は、一朝一夕には変わらないわけですよ。そのような東ローマ帝国の後裔であるギリシャが東西冷戦構造のなかでＮＡＴＯのメンバーになった。まあ、東西冷戦終結後、ＮＡＴＯはルーマニアやブルガリアなど東ローマ帝国の勢力圏だった諸国まで組み入れる必要はなかったんです。ちょっと東に伸びすぎちゃった。

手嶋 冷戦が終結した後の高揚感からでしょうか。西ヨーロッパは確かに「身の丈を越えてしまった」のかもしれません。ＥＵの経済圏は、その理念も実態も、実力を超えたところまで膨らんでしまったともいえそうです。

佐藤 余談ながら、歴史の変動期には、往々にして行き過ぎが起こるんですね。ロシアは北方領土まで来ないで、樺太あたりで止まっておけばよかった。アメリカは沖縄を取るべきではなかった。やりすぎなければ、後々面倒な問題を抱えることもなかったはずです。話を戻すと、今ヨーロッパでは行き過ぎの「調整」が始まっている。ヨーロッパのコアの部分をどう守るのかについて考えている。その過程ですでに様々な動きが表面化しています。一つは露骨な「排外主義」。そんな空気を背景に起きたのが、二〇一一年のノルウェーの銃乱射事件です。

手嶋　ロシアと旧東ドイツでも、ネオナチの動きが活発となっています。ちなみにギリシャの総選挙でも「移民排斥」を訴える極右政党が、初めて議席を得ています。

ＴＰＰの政治経済学

手嶋　二十一世紀には「新・帝国主義」の幕があがると佐藤さんは論じています。そうした潮流は、ＥＵの経済危機、とりわけギリシャの経済危機の深まりでより際立ってきたと分析していますね。

佐藤　その通りです。ギリシャの危機が一層深刻化していけば、ＥＵは事実上の「為替ダンピング」に踏み出さざるをえなくなると指摘しておきましょう。これは、帝国主義を絵に描いたような図式なんです。帝国主義の本質は、「搾取」と「収奪」にあります。ユーロを安くすれば輸出に有利で、それだけＥＵ域外から収奪できる。日本は三・一一東日本大震災で生産工場などを大量に破壊され、日本経済は全体としてなお苦境を抜け出したとは言えません。通貨は本来その国の経済力を反映しているはずですが、震災で弱っている日本の円が、なぜこれほど強くなるのか。それは、「帝国としてのアメリカ」が基軸通貨たるドルをダンピングさせ、さらには「帝国としてのＥＵ」も共通通貨「ユーロ」をダンピングさせているのが原因だと言っていい。

手嶋　確かにいまの歴史的な円高は、従来の近代経済学の理屈では説明しにくい現象です。

佐藤　こうしてみると、ヨーロッパでは広域帝国主義的な再編の土壌がすでにできたように感じます。あとは、ＥＵ内の「エリートクラブ」、ドイツやフランスがどんなコンセンサスを形成していくのかという段階に入っているのではないでしょうか。

手嶋　それでは、いまや世界経済を動かしている「アジア半球」で何が起きているかを見ていきたいと思います。焦点のＴＰＰ・環太平洋パートナーシップ協定は、加盟国の間で取引される品目に対して原則として関税を全廃しようという新しい枠組みです。農産品や工業製品だけでなく金融サービスなどのすべての品目について、二〇一五年までに関税を一〇〇パーセント撤廃することを目指して交渉が続けられています。このＴＰＰ問題を「広域帝国主義の再編」という視点で佐藤さんは読み解いていますね。

佐藤　そうすれば、全体の構図がすっきりと見えてきますよ。超大国アメリカは、経済成長の基軸を欧州から東アジアに移し、東アジア・環太平洋地域を新たな「帝国としてのアメリカ」の版図に組み入れようと構想しているのでしょう。

手嶋　それはアメリカを中心とした日米、米韓、米豪といった安全保障体制と重なります。

佐藤　まさにその通りです。二〇〇六年にニュージーランド、シンガポール、チリ、ブルネイという小さな四カ国が集まって発足したＴＰＰ。アメリカはそこに豊かな将来性を感じ取ったのです。アメリカを盟主とする広大な経済連携にいま姿を変えつつあります。

手嶋　日本は二〇一二年の夏の段階で正式な形ではＴＰＰ参加を表明していませんが、アメリカは「日本なきＴＰＰ」などあり得ないと考えています。ですから「日米豪」枢軸の安全保障・経済同盟に育てようと構想していると言っていいでしょう。

佐藤　確かにこれは決して単なる経済協定なんかじゃない。むしろ安全保障の観点から考えるべきです。ＴＰＰ圏の経済規模は世界を直接動かすレベルになりつつあります。

手嶋　こうしたなか、日本の民主党政権は発足当初、「二股戦略」を志向してしまった。

佐藤　そう、新興の帝国主義国である中国と組む「東アジア共同体」構想を打ち出し、同時に「日米同盟プラスTPP」も志向する過ちを犯してしまったんです。

手嶋　鳩山政権は「二股戦略」が現実の選択肢としてわが手にあると本気で信じ込んでいたようですね。

佐藤　しかし、中国が航空母艦「ワリヤーグ」を外洋に浮かべ、露骨な海洋覇権に乗り出した時点で、「東アジア共同体」の選択肢は消えたのです。いまの時代に空母なんか造っても、国際社会の厳しい目がありますから、まともに運用なんかできませんよ。なのに造るという振る舞い。わけのわからないことを始めている。もっともここで現れた中国の帝国主義的な国家意思を過小評価してはいけません。

手嶋　その中国と連携して「東アジア共同体」を創ろうとした。もっとも野党として下野した自民党も、TPPをかつてのウルグアイラウンド交渉のような貿易自由化の延長線上で捉えるという誤りを犯してしまいました。

佐藤　そう、自民党は決定的といっていい間違いをしでかしました。自民党は、現実離れしたTPP反対の論議にのめり込んでいった段階で「終わった」感がありますね。

手嶋　政権に復帰する意思なしと見なされても仕方がありません。僕たちは、短絡的に、賛成・反対という議論をしているのではありません。二十一世紀のいま、新たに姿を現わしたＴＰＰの本質とは何かを考えてみることが必要だと言っているのです。いまや新たな自由貿易の枠組みが、東アジア・環太平洋地域の安全保障と表裏一体となっているという視点は欠かせません。ＴＰＰの盟主たるアメリカは、世界経済の推進エンジンとなった東アジア・環太平洋地域をがっちりと囲い込み、ここを基盤に新たな安全保障の枠組みを構築して、海洋へせり出しつつある中国に対抗しようとしています。

佐藤　アメリカは、大統領選の政治の季節を迎えて、日本の参加にあれこれ注文をつけていますが、日本の要求を削ぎ落とす交渉のテクニックです。日本の参加なきＴＰＰなど考えてもいませんから、日本にとって「ＴＰＰ不参加」という選択肢など実際はあり得ません。

手嶋　アメリカは、日本が不参加なら日米同盟からも離脱してもらうと暗に脅しを──。

佐藤　そういうことでしょう。ですから、僕はＴＰＰに反対する人たちに聞いてみたいのですよ。「ＴＰＰから下りるなら、『日米同盟』を放棄して、中国の軍門に下るのですか」と。

手嶋　中国大使館の一等書記官が、将来の中国の食糧危機を餌に、ＴＰＰなんかより中国と連携して農産物を輸出してはと働きかけて、反ＴＰＰを持ちかけていた──あれはなかなか鋭い外交センスだなあと思います。アメリカ主導のＴＰＰに入るか、中国主導の「ＡＳＥＡＮプラス６（日・中・韓・印・豪・ニュージーランド）」に統合されるか。日本の手のうちに「中間の道」などないのですが、そうした選択肢があるという幻想に酔っている人たちもいるのが日本の現実です。

佐藤　野田総理は、ヨーロッパ発の経済危機が、アメリカやアジアを経由して、日本にも及び始めていたタイミングを選んで、二〇一一年秋に突如として「ＴＰＰへの参加に向けて関係国との協議に入る」と表明しました。本人がどれだけ自覚的だったかは別にして、「恐ろしくよく分かっているな」という印象を受けました。

手嶋　そんなに高邁な戦略的な判断があったとは到底思えませんが（笑）。

佐藤　少なくとも、外からはそう見えるのです。ロシアの反応はあとで申し上げるとして、中国はうろたえました。象徴的だったのが、二〇一一年十一月、胡錦濤国家主席がハワイのＡＰＥＣ・アジア太平洋経済協力会議で行った講演です。「ＴＰＰを含めて、自由貿易には様々なメカニズムがあっていい」と注目すべき発言をしました。真意は何かというと、複数の枠組みにアジア・太平洋地域の国々を巻き込むことで、ＴＰＰが機能しないように巧みに布石を打ったと見るべきでしょう。

手嶋　中国は、自らはＴＰＰにすぐには入らないと宣言しています。アメリカが様々な障壁を設けて入れてくれないというのがその理由です。ですから中国は「ＡＳＥＡＮプラス６」やその先行形態としての「日・中・韓のＦＴＡ・自由貿易協定」などを志向しています。

佐藤　自由貿易の推進を建前に、ＴＰＰと自らの枠組みを「融合」することで、ＴＰＰの連携を相対的に無力化する――これが中国の戦略的狙いとみていい。ところが、日本の野田政権がＴＰＰ参加に向けて一歩踏み出したことで、中国はそうした戦略を見直さざるをえないところに追い込まれたわけです。ただ危険なのは、万が一日本が中国の思惑に乗ってしまえば、一九二一年のワシントン軍縮会議の二の舞になってしまいます。

手嶋　第一次大戦後に開かれた日・米・英などによる史上初の軍縮会議では、「ワシントン軍縮条約」と引き換えに、「日英同盟」が破棄されました。二国間の同盟体制が多国間の枠組みに吸収されていった。そして日本は英米との対決への道を踏み出していきます。多国間の条約体制では二国間の安全保障同盟を到底補えない――これが歴史の教訓です。

佐藤　当時の「英」を今の「米」に置き換えてみればいい。「日米安全保障条約の発展的解消」だと言いくるめられて、日本が再び丸裸にされる危険があります。

アメリカは東アジアに回帰するか

手嶋　いまやアメリカにとって環太平洋地域の最重要国は、日本からオーストラリアに切り替わりつつあります。遥か中国を睨んで、角のように突き出ている豪州北部のダーウィン空軍基地に、アメリカが初めて海兵隊を駐留させようとしているのもその証左です。アメリカはオーストラリアに戦略上の重心を移しつつある――少なくとも日本はそう心配するべきでしょう。

佐藤　中国が理由も目的もはっきりしない海洋戦略をとりはじめていることが、オーストラリアの軍事大国化を誘発しているといっていい。同時にベトナムやフィリピンを反中国包囲網に押しやっている。中国の愚かな海洋戦略がそうさせているんです。

手嶋　アメリカの対太平洋同盟の拠点が少しずつ沖縄から周辺の国々に移りつつある現実に日本側はもっと危機感を抱いていいはずです。ヒラリー・ロードダム・クリントン国務長官は二〇一一年十一月、外交専門誌「フォーリン・ポリシー」に「アメリカにとって二十一世紀は〝太平洋の世紀〟だ」と題する論文を発表しました。そのなかで「アメリカの戦略の中心は、今後はアジア・太平洋地域だ」と明確に言いきっています。「ブッシュの戦争」であったアフガンそしてイラクの戦争を戦い抜くために、アメリカは持てる外交上、経済上の全ての力を中東地域に注ぎ込んだ。その結果、東アジアの地に巨大な戦略上の空白を創り出してしまった、というのがオバマ・クリントンの外交コンビの問題意識です。いまこそアメリカは東アジアに回帰するべきだ、と述べています。クリントン国務長官は、こうしたアジア・太平洋重視の姿勢を身を以て示すため、二〇一二年の八月三十一日、南太平洋のクック諸島アバルアで開かれたPIF・太平洋諸島フォーラムに初めて出席し、中国に対抗して島嶼《とうしょ》国への経済支援を強化していくと表明しました。アメリカの危機意識の表れと見ていいでしょう。

佐藤　このPIFには、海洋国家である日本こそ積極的に取り組むべきです。

手嶋　まったくその通りなのですが、日本はこの重要な国際会議に外務省の政務官を送り込んだに過ぎません。外交の衰退ここに極まれりと断じて良いでしょう。

佐藤　残念なことです。一方、アメリカは自らが相対的に弱体化したことを自覚し、世界戦略の再編に乗り出しているわけですね。その柱が「オレンジ・プラン」への回帰です。

手嶋　かつてアメリカは、帝国海軍と太平洋海域で雌雄を決することを想定し、ひそかに「オレンジ・プラン」を策定しました。それは、太平洋の島から島へと攻め上る戦略でした。アメリカは、太平洋に設けた対日攻略の戦略拠点を伝《つた》って日本を目指すとしていましたが、実際の戦いもその通りに推移しました。

佐藤　アメリカにとっての最重要の布石は常にニッポンに打たれていると過信してはいけない。最大の拠り所は、日米同盟だと安心していてはいけない。普天間基地の移転問題で躓《つまず》いてしまった日本は、そう心得ておくべきですね。アメリカという国は、すべてを現実的に考えますから。日本が目の前の約束をどれくらい忠実に実行するか、それをじっと見守っています。日本側がいくら、ＴＰＰにいずれは参加する、日米同盟は永遠だと考えても、そのとおりに事が運ぶとは限らない。太平洋の今後を考えた時、アメリカがオーストラリアに重心を移すというのは、現実的可能性があると思います。

手嶋　沖縄の現状を見ると、アメリカ側はすでに海兵隊の辺野古移転をあきらめかけている。おそらく普天間基地の主力部隊はいずれハワイやグアムの基地に移し、あとは周辺国の米軍基地に分散するのでしょう。そうしたなかでオーストラリアやフィリピンは重要な移駐先となっていくはずです。「新オレンジ・プラン」では、日本列島はバイパスされてしまう怖れなしとしない。オーストラリアへの海兵隊の移駐は、日米同盟の比重を軽くしてしまうきっかけになると心得るべきでしょう。

プーチンを驚かせた日本の選択

手嶋 アメリカ、中国、日本、EUといった主要国のほかに、もう一つ、忘れてはならないキー・プレーヤーがいます。北の大国、ロシアです。ここは、佐藤さんの出番ですよ。大統領に返り咲いたプーチン率いるロシアはいま、いかなる戦略を廻らしているのでしょう。

佐藤 野田総理がTPPの参加に向けて一歩踏み込んだことに、プーチン大統領はびっくりしたんですね。「日本もいよいよ本気になったか。我々も考えなければいけない」と。ちなみに、及び腰だったカナダやメキシコも、日本が動いたことで、ならばとTPPの協議に乗ってきました。中国の慌てぶりも含めて、じつは日本が打った布石は、TPPの枠組みに地殻変動を起こしたと言ってもいい。要するにかなりのインパクトを与えたわけですよ。悲しいことに、それを世界で一番理解しなかったのがわが日本です（笑）。

手嶋　佐藤さんが指摘したように、ＴＰＰは単なる自由貿易の枠組みを超えて、東アジア・太平洋地域を世界の主要な舞台に押しあげる役割を演じようとしています。

佐藤　ロシアのインテリジェンスは、今の野田内閣を「帝国主義的政権」だと評価しています。たとえば、「脱原発」を打ち出したドイツの周辺国で、原発の新設が進んでいますが、そのうちラトビアの原発を受注したのは日立製作所でした。日本国内では建設をストップしているのに「欲しければどうぞ」と輸出する。これは露骨な二重基準です。あるいは、イギリスが自国内で規制したアヘンを中国で売りさばいたのと同じ論理です。ＪＢＩＣ・国際協力銀行の資金を何兆円もつけて、民間企業に海外のガス田の権益などを買わせる。「円高を利用した資源帝国主義にほかならない」とロシアは決めつけています。「日本政府は、いつからこんな胆力を身に付けたのだ」と（笑）。ＴＰＰに関しては、日本が参加すれば日米同盟の深化そのものだとロシアはさすがに正確な理解をしています。この点も、当の日本よりも遥かに本質が分かっていますよ。

手嶋　ＴＰＰへの参加に傾く日本に、プーチン大統領のロシアは今後、どんなスタンスで対峙してくるのでしょう。

佐藤　まず、自分たちがユーラシア・ゾーンを創る。二〇一〇年一月からロシア、ベラルーシ、カザフスタンの三国間で関税を撤廃した共栄圏がその一歩です。さらにキルギスとタジキスタンを加えて「ユーラシア同盟」を拡大しつつあります。そのうえで、「アメリカの広域帝国主義に日本が協力し、協調体制が構築されるのであれば、ロシアはそれを準同盟とみなして協力しよう」という発想なんです。

手嶋　日米豪の同盟を敵視するのではなく、進んで協力するというのですね。

佐藤　そう、バランス・オブ・パワーによって、台頭する中国を牽制していくというのが、プーチン政権の基本戦略といっていい。

手嶋　ロシアにとっても、いまや中国が「仮想敵」になりつつあるのですね。まさしく東アジア・太平洋地域を舞台に二十一世紀の「新グレート・ゲーム」が繰り広げられようとしている。

佐藤　バイカル湖以東に住むロシア人が六百四十万人であるのに対して、国境を接する中国東北部には一億人が暮らしています。例えば、これが労働力として流入した後、ロシアに居ついたらたまらないという、人口圧力に対する恐怖感がロシア側には常にあります。プーチンという指導者の出自がこうした戦略眼を形づくっています。七〇年代にKGBアカデミーで教育を受けた時に、一般の人は知らない中国に関する様々な情報に接しているんです。

手嶋　アムール河の彼方に拡がる中国に対する警戒感がプーチン大統領というロシア指導者には骨の髄まで染みついているんですね。

佐藤　その通りです。ですから日本の政治リーダーたちに望みたいのは、「乾いた外交」です。自民党政権時代の保守派のおかしさは、日米軍事同盟を支持する人間が、ほぼ例外なく南京大虐殺はなかった、慰安婦に強制性はなかったという話をパッケージにして語っていたことです。

手嶋　そうした保守派は、日米同盟派にして反東京裁判史観に拠っているのですね。日米同盟派の誰もが深く信頼するリチャード・アーミテージ元国務副長官は、慰安婦問題では一貫して日本側に厳しい姿勢を示しています。しかし、保守派にはこうしたアメリカの指導層が依って立つ思想的な基盤がどうにも理解できないらしいのです。アメリカの保守派には、自由の理念や人権の大切さに鈍感な日本の保守派に対する警戒感、さらにいえば嫌悪感が鬱積している。そのことに日本の保守派は永い間鈍感でした。

佐藤　御指摘の通りです。正直いって、アメリカ側はこれまで、いやいや付き合っていたんですよ。そういう変な歴史認識を切り離したうえで、日米同盟を深化させることを、自分の頭で考えて欲しいですね。

手嶋　佐藤さんとここまで日本を取り巻く情勢を読み解き、インテリジェンスを武器にして近未来の国際政局を多角的に論じてきました。冷戦が終わって間もなく四半世紀になろうとしていますが、東アジアの波を穏やかなものにしてきた日米の太平洋同盟がいまや綻《ほころ》びを見せ始め、日本の政治指導力も危険なほどに衰えてしまっています。

佐藤　こうした情勢下では、周辺諸国が経済大国ニッポンに攻勢をかけようとするのは自然の流れと言っていいでしょう。新帝国主義の時代の到来を告げる警鐘が鳴り響いている。

手嶋　それだけに、周辺の国々を日本を標的にした力の行使に駆りたててはならない。日本が凜《りん》とした外交姿勢を示すことで、軍事力に手をかけようとする彼らの誘惑を断たなければ――これこそ日本のリーダーが肝に銘じるべき外交・安全保障の要諦です。

佐藤　国家の根幹が揺らいでいるいまこそ、近未来を見通して国益を守ることができる指導者にこの国の外交と安全保障を委ねる時だと考えます。

佐藤優　1960年生まれ。作家。元外務省主任分析官。『国家の罠』『自壊する帝国』『帝国の時代をどう生きるか』等著書多数。

手嶋龍一　1949年生まれ。作家・外交ジャーナリスト。『スギハラ・サバイバル』『ブラック・スワン降臨』等著書多数。

Ⓢ新潮新書

493

動乱《どうらん》のインテリジェンス

著　者　佐藤《さとう》 優《まさる》　手嶋龍一《てしまりゅういち》

2012年11月1日　発行
2014年3月5日　6刷

発行者　佐　藤　隆　信

発行所　株式会社新潮社

〒162-8711　東京都新宿区矢来町71番地
編集部(03)3266-5430　読者係(03)3266-5111
http://www.shinchosha.co.jp

印刷所　株式会社光邦

製本所　加藤製本株式会社

ISBN978-4-10-610493-0 C0231

価格はカバーに表示してあります。